[畅销世界各国的口才圣经
全球第一魅力口才品牌]

最受欢迎的
卡耐基口才课

[美]戴尔·卡耐基◎著 柳如菲◎编

上完这一课，全世界都听你的！

Zuishou Huanying De
Ka'naiji Koucai Ke

图书在版编目（CIP）数据

最受欢迎的卡耐基口才课/(美)卡耐基著；柳如菲编.——上海：立信会计出版社，2015.7
（去梯言）
ISBN 978-7-5429-4619-5

Ⅰ.①最… Ⅱ.①卡… ②柳… Ⅲ.①口才学-通俗读物 Ⅳ.①H019-49

中国版本图书馆CIP数据核字(2015)第082566号

策划编辑　蔡伟莉
责任编辑　蔡伟莉
封面设计　久品轩

最受欢迎的卡耐基口才课

出版发行	立信会计出版社
地　　址	上海市中山西路2230号　邮政编码　200235
电　　话	（021）64411389　　传　真　（021）64411325
网　　址	www.lixinaph.com　　电子邮箱　lxaph@sh163.net
网上书店	www.shlx.net　　电　话　（021）64411071
经　　销	各地新华书店
印　　刷	固安县保利达印务有限公司
开　　本	720毫米×1000毫米　　1/16
印　　张	17.75　　插　页　1
字　　数	227千字
版　　次	2015年7月第1版
印　　次	2017年7月第2次
书　　号	ISBN 978-7-5429-4619-5/H
定　　价	36.00元

如有印订差错，请与本社联系调换

PREFACE 前 言

戴尔·卡耐基，20世纪最伟大的心灵导师、成功学大师、演讲大师和口才专家，美国现代成人教育之父。他一生致力于人际关系的研究，开创并发展了一套独特的融演讲、沟通、为人处世、智能开发于一体的成功学体系。受他影响的不仅有普通民众，还有明星、巨商、大学校长、军政要人，甚至几位总统，人数多达几千万人。他的成功学思想激励了千千万万陷入迷茫和困境中的人，使他们重新找到了自己的人生，改变了人生命运。

卡耐基不但对人性和人际关系进行了深刻的探讨和分析，而且还极为重视口才的作用，并致力于改进和提高人们的语言表达能力。从1912年开始，卡耐基在纽约为商界和专业人士开了一项教育课，其中就包括魅力口才课。这门课程的目的是运用实际经验，训练人们在商业洽谈和在当众讲话时，能依照自己的思想，更清晰、有效而自如地阐述自己的见解。所有接受过卡耐基口才培训的人们，都收获了成功的资本，迅速地提高了自己的口才，并运用口才获得社会认知和影响力，继而走向成功。

卡耐基指出，在当今社会，拥有一流的口才，是迅速获得成功的关键。不论是在商界、政界、职场，还是在日常生活中，好口才能让你拥有更多令人羡慕的机遇：受上级器重，让同级羡慕，赢得下属的爱戴，得到客户的信赖……甚至还会因此收获爱情和友谊。

口才的力量是巨大的，口才的作用是显著的。在当今这个高速发展的时代，随着传播手段的日益现代化，社会竞争的日趋激烈，以及人与人之间的关系和交往的密切，在社会生活的各个领域，口才越来越起着举足轻重的作用。一个人的口才能力，常常被当作考察这个人综合能力的重要指标，一个人的发展成功与否也往往由他的口才能力所决定。所以，能言善辩、口才卓越的人越来越显示出一种独特的优势。正如卡耐基所说："一个人的成功，15%取决于知识和技术，85%取决于沟通——发表自己意见的能力和激发他人热忱的能力。"

拥有卓越的口才、成就卓越的人生，是我们每一个人的强烈愿望。拥有卓越的口才并不是不可实现的梦想，而是可以通过后天的学习和训练掌握和提高的。只要肯下工夫练习，学习他人的特长，吸收他人的经验，并在实践中运用这些方法和经验，那么你就可以成为口才专家、说话高手。而作为融合人类语言精华、全球语言第一品牌的卡耐基口才课，是我们突破语言障碍、提高口才技能的首选教程。

本书以卡耐基的经典口才著作《语言的艺术》《演讲与口才》为蓝本，同时综合了卡耐基历年在演讲活动和口才培训课中的内容，体系明晰、完整、全面、系统地展现了卡耐基口才课的精髓。书中倾囊相授卡耐基口才训练与当众讲话的秘籍，帮助你突破语言与心理的双重障碍，克服封闭式的人性弱点，练就更为出色的口才，改善与外界的沟通能力，在人际关系中脱颖而出，在爱情婚姻中如鱼得水，在事业工作中游刃有余。

现在就打开本书，去感受世界最有影响力的口才大师卡耐基的语言魅力，帮助人们改变自己的生活，开创崭新的人生。实现人生的理想，享受美好、幸福、快乐的人生。

好了，停止空谈，马上开始阅读。预祝读者朋友们领悟卡耐基的思想精髓，获取人生的成功！

目 录

第一课　最讨人喜欢的口才风格 ……………… 1

优雅的言谈举止体现出风度 …………………… 2
恰当得体地使用礼貌语言 ……………………… 4
说好"谢谢"，给人留下好印象 ………………… 6
说好"对不起"，让人心生感激 ………………… 9
只因少说了一句道歉的话 ……………………… 11
道歉需要掌握一些艺术 ………………………… 13
灿烂的微笑为交谈增添光彩 …………………… 16
你的微笑价值百万美金 ………………………… 19
身体语言为你铺平道路 ………………………… 22
学会倾听，做一名忠实的听众 ………………… 25
你知道多少，就说多少 ………………………… 27
大胆地说"我不知道" …………………………… 29
谦虚说话是一种高尚的美德 …………………… 31
尊重说话是一种无声的征服 …………………… 33

第二课　最受人欢迎的口才艺术 ………………………… 35

　　责备别人是一件愚蠢的事 ………………………………… 36
　　改进自己比要求别人获益得多 …………………………… 39
　　让对方感觉他是个重要人物 ……………………………… 41
　　满足对方自重感的欲望 …………………………………… 43
　　诚于嘉许，宽于称道 ……………………………………… 46
　　赞美的力量让人无法抵挡 ………………………………… 47
　　发自内心地、诚恳地赞赏他人 …………………………… 49
　　不要给你的赞赏打折扣 …………………………………… 51
　　赞美如煲汤，火候很重要 ………………………………… 53
　　赞美对方最微小的进步 …………………………………… 55
　　远离卑贱的赞美——谄媚 ………………………………… 56
　　要真诚赞美，不要曲意奉承 ……………………………… 58

第三课　赢得他人赞同的口才技巧 ………………… 61

　　说话要尽量避开"我"字 ………………………………… 62
　　真诚是敲击人们的"心铃" ……………………………… 64
　　勇于认错会赢得他人尊重和赞同 ………………………… 67
　　坦诚检讨会提升你的形象 ………………………………… 69
　　说话适当暴露缺点更受人尊敬 …………………………… 71
　　自我贬抑往往能够反客为主 ……………………………… 72
　　激起对方某种迫切的需要 ………………………………… 74
　　一旦争论就要开始沸腾了 ………………………………… 76
　　争论永远得不到对方的好感 ……………………………… 79

由他的观点设想，同你的观点一样 81
站在对方的立场说话论事 85
如果我是你的话，我会…… 87
人皆对自己的经历怀着莫大的兴趣 89
为对方送上"一顿美味大餐" 90
多谈论他人感兴趣的事情 93

第四课 成功说服他人的口才策略 97

说服之前先透彻地了解别人 98
探探他的心有多深 99
知己知彼，以实攻心 101
抓住心理，一蹴而就 103
单面宣传和双面宣传说服法 105
温暖胜于严寒，平和胜于严斥 108
多用商量的口气来说服 110
耐心是金，步步为营，稳中求胜 112
有理由说服时自然理直气壮 114
隐藏劝说动机，激发对方好奇心 117
寻找对方突破口乘势而入 118
最佳时机说服可获最佳效果 120
巧用反问，反戈一击 121
以退为进的战略会大奏奇效 123
沉默有时比论理更有说服力 125
对不同的人用不同的说服方式 127

第五课　批评他人不伤感情的口才法则 ……… 131

尖锐的批评永远不会有效果 ……………………… 132
不要评议人，免得为人所评议 …………………… 133
把握原则，批评才能不伤人 ……………………… 136
批评时究竟说什么才好 …………………………… 139
换个说法批评会更好 ……………………………… 141
忠言不要逆耳，直话要婉说 ……………………… 143
批评他人要做到态度真诚 ………………………… 144
有效纠正他人错误的八大方法 …………………… 146

第六课　让你处处出彩的幽默口才 ……………… 149

幽默口才是个人智慧的展现 ……………………… 150
幽默的力量无处不在 ……………………………… 151
你知道幽默有多少种吗 …………………………… 153
幽默谈吐的功效 …………………………………… 156
幽默也需要掌握点技巧 …………………………… 159
理儿不歪，幽默不来 ……………………………… 160
故作精细"幽"一把 ……………………………… 162
借语作桥找幽默 …………………………………… 163
可正语反说，也可反语正说 ……………………… 165
幽默使你游刃于社交场 …………………………… 167
善用幽默可以广交朋友 …………………………… 168
幽默让你轻松面对人际关系 ……………………… 170
以幽默获得他人的同情和谅解 …………………… 172
幽默可化解人际交往的尴尬 ……………………… 173

第七课　增进交际巩固友谊的社交口才 …………… 177

初次见面要学会推销自己 ………………………………… 178
主动引发一场友好的谈话 ………………………………… 180
激起对方的说话欲望 ……………………………………… 182
好话题是纵情畅谈的开端 ………………………………… 183
寻找共同话题，融洽自如交谈 …………………………… 186
你要清楚你向对方说点什么 ……………………………… 188
高效交谈的六大准则 ……………………………………… 189
结束交谈的口才艺术 ……………………………………… 191
边看边说，边说边看 ……………………………………… 195
见什么人说什么话 ………………………………………… 196
只说该说的话，不说不该说的话 ………………………… 198
严肃场合不能开玩笑 ……………………………………… 199
拿捏好分寸，谨防说话失度 ……………………………… 201
做一个受欢迎的交谈者 …………………………………… 203

第八课　让家庭幸福快乐的完美口才 …………… 205

多一份体贴，多一份爱 …………………………………… 206
帮助丈夫理清他心中的希望 ……………………………… 207
做丈夫的"好听众" ……………………………………… 209
好男人是好女人夸出来的 ………………………………… 211
用爱的语言表示对丈夫的信任 …………………………… 212
学会提高丈夫的影响力 …………………………………… 214
不该对妻子说的话千万别说 ……………………………… 215
欣赏妻子，使两颗心更加贴近 …………………………… 217

夫妻之间，不要好为人师 219
浓情蜜语，满足妻子小小的愿望 221
爱她就给她一个自由空间 223
在她最需要你的时候给她爱 226
言语行事处处表现男人的宽容心 227
深入内心坦诚交流，改善夫妻关系 230
增进感情沟通，走出婚姻疲怠期 234

第九课　瞬间征服人心的魅力演讲口才 239

练好演讲语言基本功 240
准备属于自己的演讲素材 242
为你的演讲选择一个好角度 244
开始演讲的六大方式 246
开口就能吸引听众的眼球 250
简洁有力的演讲最震撼人心 253
把你的思想融入演讲中 255
把听众握在你的手中 258
与你的听众合二为一 261
升华主题，掀起演讲高潮 264
让你的演说更加自然生动 266
自始至终保持完美的演讲形象 269
演讲的态势语要优美 271

第一课

[最讨人喜欢的口才风格]

在与人交往时有一个良好的开端是极其重要的,如果你说出的第一句话有礼貌、得体并能赢得对方的好感,那么沟通自然就会十分容易地深入下去。相反,如果你说出的话让对方很反感和忌讳,那么谈话就不可避免地要碰钉子。

优雅谦恭的话语是个人修养的体现,是出众口才的必备要素,也是人际沟通的金钥匙。当你向别人表示你的礼貌和友好时,你就很容易在他人心中建立起良好的形象,彼此就容易建立信任。

优雅的言谈举止体现出风度

　　一个人的言谈举止好似一面镜子，能反映出他的文化蕴涵、知识水准和道德修养，是个人性格、品质、情趣、素养、精神世界和生活习惯的外在表现。

　　在日常生活中，看某个人的言谈举止是优雅还是粗俗，实际上就是看其言谈举止是否符合礼仪的要求。有些人在个人言谈举止上不拘小节，把日常生活中不文明的行为当作小事，不注意和重视。其实，文明的行为恰恰是从一些小事情做起的。如在公交车上主动为老、弱、病、残、孕妇让座，这看起来是件小事，却反映了你的文化素养和文明程度。文明的言谈举止往往能给人留下深刻的印象，使人乐意与你接近；而粗俗的言谈举止便会使人疏而远之，必将影响你的社交活动的开展。由此看来，个人言谈举止不是一件小事，在人际交往中，应使自己的言谈举止符合文明规范的要求。

　　美国第三届总统杰斐逊和他的孙子驾着马车出去，在路上碰到一个陌生的奴隶脱帽向他们鞠躬行礼。杰斐逊举起帽子还了个礼，但他的孙子忙着和别人讲话，没有理会那个奴隶。杰斐逊严肃地说："我的孩子，难道你允许一个奴隶比你更有绅士风度吗？"这里提到了绅士风度，我们在日常生活中也总是在讲，这个人有绅士风度，那个人没有绅士风度等等，那么究竟什么是绅士风度呢？一般来讲，绅士风度的起码内容是要彬彬有

第一课 [最讨人喜欢的口才风格]

礼，待人谦恭，衣着得体，举止不俗，富有教养。

绅士风度，从传统意义上说，一般是属于比较有钱有地位受过良好教育的人士。但有钱却未必就能表现出良好的绅士风度，现在的社会有钱人越来越多，但有绅士风度的人却不多见，有钱人粗俗野蛮的言谈举止，倒是每每引人侧目。有些人西装革履，一身名牌，其实一肚子米糠，真可惜了他那一身好行头。

风度的背后，往往要靠知识才华来支撑，否则就是虚有其表。所谓"腹有诗书气自华"也是相同的道理。风度的美不单是外在美，它有深刻的内涵。优良的品质、渊博的学识、宽阔的心胸、坚强的意志、豁达的性情、远大的理想、真诚的关心都颇有感召力，备受人们的推崇，而这些都是通过个人的修养获得的。

并且，优美的风度实际上离不开优美的言谈举止，言谈的智慧和举止的优雅是风度的美容术，而洒脱的外表、周到的礼节同样必不可少。再有，诚恳坦率的态度、饱满昂扬的精神状态，这些也都是良好风度必不可少的构成要素。

要做到言谈举止文明，首先要克服言谈举止是小问题的模糊思想，要从小处着眼，从小事做起，从我做起；其次要注意文明言谈举止的养成和积累。只有这样，才能成为一个品格高尚的人。要养成良好的言谈举止习惯，还要注意两点：一是讲究礼貌礼节，言谈举止有礼是自我心诚的表现，一个人的外在言谈举止可直接表明他的态度；二是要养成各种良好的个人习惯，克服各种不雅的言谈举止。

卡耐基口才金言

优雅的言谈举止是外在与内在、形象与精神和谐统一的心理反映，是言语谈吐、精神状态、形貌举止、文化修养的集中表现。

恰当得体地使用礼貌语言

人与人之间打交道,应当以礼貌的称呼开头。称呼得体,可使对方感到亲切,双方交往便有了基础。称呼不得体,往往会引起对方的不快甚至愠怒,会使双方陷入尴尬的境地,致使交往受梗阻甚至中断。

语言是思想的衣裳,它可以表现出一个人的高雅或粗俗。如果你要接通情感的热流,使社交畅通无阻,就应得体地使用礼貌语言。

很早以前,有位士兵骑马赶路,至黄昏时还找不到客栈,倏地见前面来了位老农便高喊:"喂,老头儿,离客栈还有多远?"老人回答:"五里!"士兵策马飞奔十多里,仍不见人烟。"五里、五里"他猛地醒悟过来,"五里"不是"无礼"的谐音吗?于是他掉转马头赶回来亲热地叫了一声:"老大爷"。话没说完,老农说:"你已经错过路头,如不嫌弃,可到我家一住。"

交际谈话中如能使用礼貌语言,就会让人感到犹如春风拂面,使人与人之间的感情很快地融洽起来。例如:您好、谢谢、请、对不起、别客气、再见、请多关照,等等。

同人打招呼很多人常习惯问:"你吃饭了吗?你到哪里去?"这似乎太单调,也有点不雅致,在这方面,我们应丰富自己的礼貌语言。如见面时称道"早安""午安""晚安""您夫人好吗"等。语言务必要温和亲切,音量适中。若粗声高嗓,或奶声奶气,别人对你就很难有好感。运用

第一课 [最讨人喜欢的口才风格]

礼貌语,还要注意仪表神态的美,当你向别人询问时,态度尤其要谦恭,挺胸腆肚,直呼其名,或用鄙称,必遭人冷眼,吃"闭门羹"。

在交往中得体地使用礼貌语言,可以给对方留下良好的印象。

你和人相见,互道"你好",这再容易不过。可别小瞧这声问候,它传递了丰厚的信息,表示尊重、亲切和友情,显示你懂礼貌,有教养,有风度。

美国人说话爱说"请",说话、写信、打电报都用,如"请坐""请讲""请转告"。美国人打电报时,宁可多付电报费,也绝不省掉"请",因此,美国电话总局每年从请字上就可多收入1000万美元。美国人情愿花钱买"请"字,我们与人相处,说个"请"字,既不费力,又不花钱,何乐不为?

说话中少不了"对不起"三个字,凡是请人帮助之事,开口要说声"对不起",如"对不起,我要下车了""对不起,请给我一杯水""对不起,占用了您的时间"。警察对违章司机就地处理时,先要说声"对不起,先生,您的车速超过规定"。两车相撞,大家先彼此说"对不起"。在这样的气氛下,双方自尊心同时获得满足,争吵自然不会发生。

成功人士说话非常注意用礼貌语言,如"你好""请""谢谢""对不起""打搅了""欢迎光临""请指教""久仰大名""失陪了""请多多包涵""望赐教""请发表高见""承蒙关照""拜托您了"等等。

卡耐基口才金言

礼貌的称呼好像是一个见面礼,又好像是进入社交大门的通行证。礼貌用语,令人心花怒放,满面春风。

说好"谢谢",给人留下好印象

一天中午,大家正聚在办公室里闲聊,突然闯进一个男孩。他很年轻,眼里流露出胆怯和不安。

男孩拿出一张字条,结结巴巴地说:"我、我是电脑公司的,你们单位欠了我们钱,总共有1 000元。"说完,男孩不知所措地站在那儿,像犯了错误似的。

有人不耐烦地说:"没钱!下回再来!"男孩嘴唇微微地嚅动着,但什么也没说,转身离去。或许这是男孩第一次出门要钱,他不知道向谁要,其实这时会计就坐在汤姆的旁边。

第二天快下班的时候男孩又急匆匆地来了,当时办公室里只有几个人,会计看了一眼男孩,说:"来迟了,没钱!"男孩眼里满是焦急:"那我什么时候来才有钱?""那可说不准。"会计抛下一句话就离开了办公室。

过了几天,这天下雪了。男孩来到了办公室满怀期待地望着办公室里的几个人,却没有人理他,每个人都在做自己的事。主任抬起头见他还站在那儿,便说:"没见我们正忙吗?到外边去,等我们有空儿再进来。"男孩尴尬地低下头,匆匆走开。

又过了几天,汤姆上班时看到男孩仍站在走廊上,这回男孩没进办公室,他一直默默地站在外面,一两个小时过去了,大家在办公室里谈笑风

第一课 [最讨人喜欢的口才风格]

生,男孩仍然站在外面,外面很冷。

这时汤姆再也耐不住了,走到男孩身边轻声说:"那个穿红衣、披肩发的就是会计,她有钱。"男孩走进办公室,这一次,他终于拿到了钱!

下班后,汤姆走出办公室,发现男孩竟然还站在那里,他看到汤姆便走过来诚恳地说了声"谢谢",然后便匆匆离去。

汤姆怔住了,他被这个男孩感动得差点落泪,也为身边那些冷漠麻木的人感到羞愧。

在人际交往中,有许多人在接受别人的好意后,不喜欢说"谢谢"两个字。为什么呢?主要有两个原因:一是认为没必要说"谢谢";二是确实不会说"谢谢"。这两种情况,前者是主观认识上的问题,后者是技术能力上的问题,但都会对人际交往造成不良后果,必须予以改变。

首先要了解一下"谢谢"的性质与功能。"谢谢",就是在对方对自己作出一些善意言行之后,自己的言辞上所做的一种情感回报。"谢谢"有下列几种功能。

1. 表达自我情感

人们在接受别人的善意言行之后,都会产生一种感激之情,情动于衷,发乎言辞。一句"谢谢",常常就是这种情感的自然流露。

2. 强化对方的好感

人际交往是一个互动过程。一方的善意行为必然引起另一方的"酬谢",例如感谢。而这种"酬谢"又将进一步使对方产生好感,并发出新的善意行为。这样,就使双方的人际关系进一步达到融洽。

3. 调节双方距离

人际交往都是在交际双方所结成的心理距离中进行的,适当的心理距离是成功的人际交往的一个必要条件。而感谢语言是调节双方距离的微调剂。

感谢起着调近双方距离的作用，但有的时候，感谢也有着拉大双方距离的特殊功能。有时在某些亲密的人际关系中，例如恋人、亲人、密友之间，我们会使用一些社交场合中标准的彬彬有礼的感谢语，来显示自己对对方的冷淡态度，拉大与对方的心理距离。

在人际交往中，要运用好"感谢"这种交际手段来完成特定的交际任务，就应该注意以下几点：

第一，"谢谢"在很多情况下就是一种对对方心理需求的满足。就不同的人来说，其心理需求是不同的。有的人希望你对他的言行本身表示感谢，有的人希望你对他的言行的行动或效果进行感谢，有的人则希望你对他个人进行感谢。

因此，感谢者就应首先满足这种心理需求。尤其是小伙子对大姑娘表示感谢，更要对"感谢动机"这一点采取慎重的态度。

例如："谢谢你，想不到你一直在想着我"之类的话很容易造成误解，还不如只对对方行为本身进行感谢。因此，感谢一定要针对对方的心理需求。

第二，感谢还要针对对方的不同身份特点采取相应的方式。老年人自信自己的经验对青年人有一定的作用，青年人在表示感谢时就应感谢对方言行的结果："谢谢，您的这番话使我明白了许多道理……"这会使老年人感到满足。

女性常以心地善良，体贴别人为自己独特的人际魅力，因此男人感谢他们时，说"你真好"就比"谢谢你"更好一些；说"幸亏你帮我想到了这点"就比"你想到这点可真不容易呀"要好。

第三，感谢一定要注重场合。你与对方单独在一起时，对他表示感谢，会有好效果；但在众人之中挑出某一个人来表示感谢，那么就有可能冷落别人，也会使被感谢人难堪。

第四，感谢也要注意双方的关系。例如，双方是一般熟人或同事关

第一课 [最讨人喜欢的口才风格]

系，可以用直接感谢，"感谢您"或"非常感谢"；但双方是至亲与好友时，少用"谢谢您"或"非常感谢"之类的话。可用称赞语或陈述语来表达谢意。儿子对妈妈就可说："妈妈，您真好，您是天底下最好的妈妈。"

卡耐基口才金言

学会感谢会让我们在社交场合变得彬彬有礼，给人留下很好的印象。

说好"对不起"，让人心生感激

有两户人家紧邻而居，东家的人和乐相融，生活幸福美满；西家的人经常争吵，天天鸡犬不宁。这种情形引起了一位社会学专家的兴趣。

社会学专家问东家的人说："你们一家人为什么从不像西家的人那样经常争吵，而能够和睦相处呢？"

"因为我们一家人都认为自己是做错事的坏人，所以能够互相忍让相安无事；而他们一家人都认为自己是好人，因此争论不休大打出手。"东家的人如此回答。

社会学家又问："这是怎么回事呢？"

东家人回答说："譬如有一个茶杯被打破了。在他们家自以为自己是好人的情况下打破茶杯的人不肯认错，还理直气壮地大骂：'是谁把茶杯乱放在这里的？'放茶杯的人也不甘示弱地反驳：'是我放的，你为何不小心把它打破了？'彼此都不肯认错，不肯退让，僵持不下当然会吵架了。可是在我们家，如果谁不小心打破茶杯，就会抱歉地说：'对不起，是我疏忽打破了杯子。'而放茶杯的人听到也会回答：'这不全怪你，是我不应该将茶杯放在那儿。'像这样坦白承认自己的过失，互相礼让，怎么会吵架呢？"

社会学专家点了点头。

我们与人交往时，应抱以"对不起，我错了"的心态，把自己的姿态放低，学会谦卑，以坦诚来修炼自己的心性，扩大自己的度量就能化解许多误会。

"对不起"这三个字看来简单，可是它的效用，不是别的字所能比拟。这三个字，它能使顽强者低头，也能使人怒气消减。可是有多少人知道它的效用，而充分利用它呢？多少仇怨，多少嫌隙，不是都由某一方不会使用这三个字而起吗？

世间原无不可解决的事。你在公共汽车上误踩了别人的脚，你说声"对不起"，被踩者自然不计较什么了。人的心理原是这样，对于许多事情皆可原谅。若因为你的过失，使别人吃亏，而你还不承认自己的不是，好像他的吃亏是咎由自取似的，这就不能使他原谅你了。客气和谦虚是获得友谊的唯一方法，事事要占上风，到处惹是生非，则其受人齿冷，就不奇怪了。在公共汽车上踩了别人一脚，自己不承认错误，却还埋怨旁人，以此处世，如何能使别人心服。

消除恶感，避免伤害对方的感情，最聪明的方法是自己谦逊一点。自己有过失的时候立刻道歉，别人会给你同情。

反之，不承认过错，就难怪对方生气，许多小口角变成打架，或因一两句话就酿成命案的，皆由此而起。倘若我们大家都常常不忘"对不起"这三个字的巧妙，我们的生活将会增加许多愉快和祥和。

第一课 [最讨人喜欢的口才风格]

"对不起,害你等了许多时候。""对不起,你可以替我把茶杯递过来吗?"在日常的谈话中,这三个字真是用途太多了。因为它能表示客气和礼貌,能使别人对你更为宽容了解。

"对不起"这三个字,意思无非是让别人占上风,既然他占上风了,他还有什么更大的要求呢?息事宁人,莫善于此。要使家庭不失和,朋友不交恶,这三个字真是百效的灵药。

下次你要经过别人座位时,请先说声"对不起",那么让路的人一定不会把眉梢皱起。如果你招待你的顾客时多说两声"对不起",那交易也十有八九会成功。

卡耐基口才金言

> 说好"对不起",讲话有礼貌,就是对别人的尊重,而只有尊重别人的人,才会获得别人的尊重。

 ## 只因少说了一句道歉的话

有一位服务于某大型公司、担任工程师的职员。他在公司已经服务了6年,技术优秀并且很关照晚辈,上级对他也另眼相待。但他却在一次与客户的交涉中,犯了意想不到的大错误。

某客户买这家公司的产品,因而召集员工听该公司的人讲解,这位工程师为他们认真而详细地解说产品的操作和内容。在说明会的休息

时间里，他前往洗手间，要洗手时才发现没有洗手用的香皂。他看见隔壁放着一块，但正好有一位老人在用，这位工程师由于赶时间，并未向老人打声招呼就径自伸手将香皂取过来用，然后随便抓了几张卫生纸擦手，就匆匆走了出去。

那位老人对这位工程师的所作所为，觉得很生气，认为不招呼一声就随便用别人的东西，是很不礼貌的行为。而这位老人正是这家客户的董事长。

"这么不懂礼貌的人，是哪家公司的人呢？"

董事长一询问，知道就是这家公司派来说明的工程师，结果使得原来要成交的一批产品被退了回去。这么一来，公司也开始调查原因。公司管理者特地当面向那位老人谢罪，但还是无法挽回工程师所造成的恶果，工程师也因此而引咎辞职。

这位本来很有前途的优秀工程师，若能在洗手时多说一句："对不起，让我先用一下。"整个情形都将为之改变。由此可见，短短一句道歉的话，也是不容轻视的。

倘若经常觉得"这种小事不说也无妨，对方一定会知道的"或认为"芝麻小事，不说也罢"，这就错了。

自己这样想，对方是不是也这么想呢？所以，虽然是芝麻小事，仍是要经由嘴里讲出对方才能明白、谅解。

虽然电脑公司的人前去对生气的董事长道歉，但并没有缓和彼此间的气氛，反而加深其间的裂痕，这样的例子并不少见。

前去道歉的人，心里总是难过，头也是垂下的。道歉之前，总想先解释事情，结果往往忘了说几句对不起的话，反而更引起对方的不满。

所以去道歉的人，看到对方马上要先说："真对不起，我错了。"然后再说明事情也不迟。在说明时，也不要忘记强调歉意，并说："真的很

第一课 [最讨人喜欢的口才风格]

抱歉"，"你所说的很有道理。"或说："我了解你的意思。"听对方说话时，在必要时候，还要点头附和，这样对方的火气才会降下来，并通过这次会谈使彼此意见更加沟通。在这种与人交涉方面很能干的人，在公司容易受上级看重，并受客户欢迎。

卡耐基口才金言

在适当时候说适当的话，会使不利的状况转为有利。在交涉中若有意见，一定要诚恳地说出来，如此一来，相互的依赖感才会加深一层。

道歉需要掌握一些艺术

在葛底斯堡战败之后，罗伯特·E·李告诉他的残兵败将，没有取得胜利完全是他的责任。温斯顿·丘吉尔对亨利·杜鲁门的第一印象十分不好，后来他告诉杜鲁门，自己曾一度严重地低估了他——这是一句用高明的恭维话表示的歉意。

道歉，它能够挽救危机，除窘迫、出困境、愈裂痕、和解受损的关系。它可以巩固友谊，推进新的人际关系的发展，使双方会更加珍惜经过波折而重归于好的感情。道歉，在低头鞠躬的同时，是自己将自己在人生的台阶上又提高了一步。

你会道歉吗？道歉也是一门艺术，需要技巧和方法。

1. 勇于承担责任

道歉，首先要有承担责任的诚心和勇气。道歉不仅不是一件丢脸的事情，反而更能体现一个人良好的人品与修养。有人道歉左一个"因为"，右一个"假设"，强调种种客观因素，或将责任推到他人身上，说"要不是他……我不会……"而很少扪心自问是否无愧。这样的道歉自然苍白无力，无法让人生出谅解之情。道歉要有诚意，有了诚意，才会有说"对不起，我错了，请原谅"的勇气。

2. 善于把握时机

很难想象几十年后的"对不起"不是一句迟到的忏悔。道歉要善于把握适当的时机，应选在对方心平气和有喜事临门等心情较好的时候，这时，他更容易接受你的道歉，与你握手言和、重归于好。时间宜早不宜迟。道歉要善于选准适当的地点，最好是亲自上门道歉，或约对方到一个环境幽雅安静的地方，双方都能平心静气，自然也就容易推心置腹、开诚布公地谈一谈心，化干戈为玉帛。

3. 巧于借物传情

如果直接道歉不适宜，也不妨在适当时间打个电话或写封言辞诚恳的信，向对方表示歉意。也可以请一位彼此都信任的朋友、同事或领导代为转达歉意。日后，时机适宜时再登门致歉赔礼。

4. 贵在持之以恒

也许你的失误给了对方深深的伤害，这时，你要有诚心，更要有耐心。一次不行就两次，两次不行就三次。快失去耐心与信心时，你要站在对方的立场上想一想：要是你，你能轻易原谅深深伤害你的人吗？滴水尚能穿石，只要你敞开心扉真诚地对待对方，"精诚所至，金石为开"，朋友间再不会有解不开的心结。

第一课 [最讨人喜欢的口才风格]

5. 不要找借口

人们在道歉时,往往不理智地倾向于为自己寻找一些造成过失的借口。实际上,这只会冲淡你的诚意,还会失掉对方表示原谅或宽容的机会。不找借口的致歉可为双方留下更为良好的自我感觉。至于道歉者对过失应承担多少责任,其关系实在是微乎其微。因为越是主动地把责任揽于自身,就越会激励别人主动承担自己应当承担的责任。

6. 不可敷衍了事

诚恳地道歉才能弥补过失。轻描淡写的道歉,会使对方感到羞辱,认为你瞧不起他或者他无足轻重。有的人仅仅学会说"对不起",犯了什么错都随口说一声。久而久之,人们会疏远你,不再相信和原谅你。

7. 不必一再道歉

有人虽属说话高手,但在道歉艺术上却欠功夫。苏姗在办公室里不小心将蓝墨水洒到乔伊斯的粉红色裙子上。她连忙赔礼,道歉不迭。乔伊斯安慰她说,不要紧。下班后,乔伊斯用药水把墨迹洗掉,并且忘了这件事。可是事隔3天,苏姗见着乔伊斯,再次向她道歉。以后,每次两人碰面,苏姗都要赔不是,弄得乔伊斯很烦。她说:"你不必总记着那件小事。我早把它搁到脑后了。你要是还这样折磨自己,我就没法跟你做朋友了。"当对方谅解你以后,你心里不要再觉得老是过意不去。

8. 做件好事作为道歉的表示

有的人出于个人尊严,不愿意当面道歉,但又觉得不向对方道歉又过意不去。因此,不妨换一种方式,给对方暗中做件好事,使他明白你的歉意。比如,你借朋友的一本书,不慎遗失,你不好意思解释,便可买另外一本你朋友喜欢的书送给他,或者帮他办一件他不易办到的事。这种替补式的道歉还能增进人们的情感。

道歉者至诚至恳,接受道歉者也要宽容。对道歉者,应当真挚地说一声:"没什么!""我原谅你!""我接受你的歉意!"如果大家能坐在一张桌子上,边吃边谈,那定会平息一切风波,消除一切隔阂。严于责己,宽以待人,才是一种高尚的美德。

9. 道歉用语

"对不起!"

"请原谅!"

"很抱歉!"

"打扰了!"

"给您添麻烦了!"

"对不起,是我的不对!"

"我错怪你了!"

"请你转告李先生,就说我对不起他!"

"请你把这束小花转交给王小姐,我向她道歉。"

卡耐基口才金言

道歉,是利人益己的鞠躬,是真诚的悔悟,而不是妄自菲薄;是人格的完善,而不是卑躬屈膝;是性格的成熟,而不是丧失尊严。

灿烂的微笑为交谈增添光彩

微笑的作用是巨大的。在全美国具有重要影响的美国电话电报公司,

第一课 [最讨人喜欢的口才风格]

有一个栏目叫"声音的威力",这个栏目为电话使用者提供免费电话,以推销产品和服务。在这个栏目中,电话公司建议推销人员在打电话时,应该保持微笑,但是这种微笑只能通过声音来传达。

罗曼·罗兰曾说:"面部表情是多少世纪培养成功的语言,比嘴里讲的,更复杂到千百倍的程度。"面部表情又是表示内心情感的最敏感的身体语言。

在人的各种面部表情中,人们最偏爱的就是笑了。微笑是最有魅力的无声语言,因此交谈中少不了微笑。当你以笑脸面对他人时,对方几乎很快会把它判定为友好的表示,除非背景极其复杂,否则他绝不会去仔细揣摩,反复研究。这轻而易举的一笑,立即就使两者之间的关系接近了许多,体现了人与人之间融洽的关系。

不少领导者平时总喜欢面带微笑,这种面部表情告诉人们:"来吧,我是朋友。"我们的生活需要笑容,我们的工作也需要笑容,前者为了自己的健康,后者满足别人的希望。当你在会议上、汇报中或与下属谈心时,用自己真诚的笑容向对方暗示或者传递一个细小的意向,如果对方立刻能心领神会,一定会从内心中发出满意的笑容。

但是,仅仅是注意到笑的作用是不够的,还应当做到两点:一是要真笑,而不是假笑;二是要把握好笑的时机和方式。

就第一点而言,笑有真有假,真笑几乎是不受控制的,而假笑则是一种伪装出来的表情。那些"来得快、去得快"的笑,并不容易引起对方的满足,因而也是不成功的运用。所以,如果不是真的从心里往外压抑不住地高兴就不要笑,但这并不意味着你必须愁眉苦脸地工作,就好像全世界的重量都压在你的肩膀上似的。应该准确地说,如果你不是由衷地感到满足,就不要喜形于色。领导者也应该在笑之前想想这一点,否则将产生适得其反的效果,这绝不是我们所期望的。

第二点更为重要。笑的时机要恰当,要注意选择笑的时机、场合、话题。该笑的时候笑,不该笑的时候就不能笑。在欢庆的场合,在轻松的气氛中,在诚恳坦率的交谈中,应该笑;但在谈起不见好转的病情,同去世同事的家属谈话,说起工作中的重大失误和损失时就不能面带笑容。有些人平时随便惯了,以致遇到参加单位同事追悼会的场合,在瞻仰领袖遗容的时候,还在嘻嘻哈哈,说说笑笑,这就显得很不恰当了。

另外,要掌握笑的分寸。在日常谈话中,笑容主要是根据与交谈者的关系、谈话的内容以及谈话者的性格、习惯等自然体现出来的。

微笑是一种恰到好处的可控性的笑容,它使人觉得和蔼、可亲、文明,是仪表的一个构成要素。微笑时面部肌肉容易控制,可以较长时间地维持笑容。笑的时候应该自然大方,得体适度。那种咧嘴龇牙的笑,嘻嘻逢迎的笑,挤眉弄眼的笑,忸忸怩怩的笑,都会给人一种不愉快的感觉,给人留下不良的印象。因此,笑容也反映了一个人的文化修养水平,我们要不断提高自己文化情操的修养,使笑容反映出美好的心灵。只有发自内心的笑才能感染对方,产生呼应。嘲笑、冷笑,幸灾乐祸的笑都是应该尽量避免的。

微笑是世界上最通用的语言,一个人不论走到哪里,只要你面带微笑,都会受到人们的欢迎。

卡耐基口才金言

没有人能轻易拒绝一个笑脸,微笑是两个人之间沟通的金钥匙,说话面带微笑,无形中能使两个人的内心距离缩到最短——微笑为说话加分。

第一课 [最讨人喜欢的口才风格]

你的微笑价值百万美金

微笑，它不需要花费什么，却创造了许多成果。它丰富了那些接受的人，而又不使给予的人变得贫瘠。它产生在一刹那间，却给人留下永久的记忆。

微笑是人类宝贵的财富，是自信的标志，也是礼貌的象征，微笑具有震撼人心的力量，同时它会为你赢得事业上的成功。

威廉·怀拉是美国推销人寿保险的顶尖高手，年收入高达百万美元。他的秘诀就在于拥有一张令顾客无法抗拒的笑脸。那张迷人的笑脸并不是天生的，而是长期苦练出来的。

威廉原来是全国家喻户晓的职业棒球明星，到了40岁因体力日衰而被迫退休，而后去应征保险公司推销员。

他自以为以他的知名度理应被录取，没想到竟被拒绝。人事经理对他说："保险公司的推销员必须有一张迷人的笑脸，而你却没有。"

听了经理的话，威廉没有气馁，立志苦练笑脸。他每天在家里放声大笑百次。邻居都以为他因失业而发神经了，为避免误解，他干脆躲在厕所里大笑。

经过一段时间练习，他去见经理，可经理说："还是不行。"

威廉并不泄气，仍旧继续苦练。他搜集了许多公众人物迷人的笑脸照片，贴满屋子，以便随时观摩。

为了每天大笑3次，他还买了一面与身体同样高的大镜子摆在厕所里。一段时间后，他又去找经理，经理冷淡地说："好一点了，不过还是不够吸引人。"

威廉不服输，回去加紧练习。有一天，他散步时碰到社区的管理员，很自然地笑着跟管理员打招呼，管理员对他说："怀拉先生，你看起来跟过去不大一样。"这句话使他信心大增，立刻又跑去见经理，经理对他说："是有点味道，不过那仍然不是发自内心的笑。"

威廉不死心，又回去苦练了一段时间，终于悟出"发自内心如婴儿般天真无邪的笑容"最迷人，并且练成了那张价值百万美元的笑脸。

当你笑时，一定要记住，微笑要发自内心并且充满活力。不真诚、不自然、假装和心怀叵测的笑容，不但不会为形象增光，还会破坏原来坦然的形象。真诚的微笑，让人能通过你的微笑看到你的真挚情感。没有人会喜欢"皮笑肉不笑"的虚情假意，那只会让人更讨厌你。

著名"旅馆大王"希尔顿从微笑中受益匪浅。自1919年用他借来的5 000美元创办了第一家希尔顿旅馆后，到1976年时，他的资产已达数十亿美元，在世界五大洲的各大都市拥有用希尔顿命名的旅馆70多家，并且吞并了世界许多著名的大旅馆，如号称"旅馆之王"的纽约华尔道夫的奥斯托利亚旅馆。

希尔顿的成功固然靠他敏锐的经营眼光，但是却更靠他独特的服务艺术。希尔顿旅馆的服务是世界上任何旅馆都无法比拟的，"微笑"是举世无双的服务的核心体现。

希尔顿曾在一次新旅馆营业员工大会上问大家："现在我们旅馆新添了第一流的设备，你们觉得还应该配上哪些第一流的东西，才能使顾客更喜欢希尔顿旅馆呢？"员工纷纷提出自己的意见，但是希尔顿并不满意，他笑着摇摇头说："你们想想，如果旅馆只有第一流的设备，而没有第一

第一课 [最讨人喜欢的口才风格]

流服务员的微笑，顾客会认为我们提供了他们最喜欢的全部东西吗？如果缺少服务员美好的微笑，好比花园失去了春天的太阳与春风。假如我是顾客，我宁愿住进虽然只有破旧的地毯，却处处见到微笑的旅馆，而不愿走进只有一流设备但不见微笑的地方。""希尔顿的微笑"给希尔顿带来了信誉和成功，赢得了四方来客，创造了茂盛财源。

1930年，美国经济爆发全面危机，全美国的旅馆几乎倒闭了80%，希尔顿的旅馆也受到了极大的冲击，一度负债高达50亿美元。但是，希尔顿仍告诫员工千万不可把愁云摆在脸上，而要让微笑永远属于顾客。他巡视他的每一家旅馆，叮嘱员工："无论旅馆的困难如何大，希尔顿旅馆服务员的微笑永远是属于顾客的阳光。"正是这始终如一、时时迎向顾客的微笑，使希尔顿度过了经济萧条期，率先进入了新的繁荣期，跨入了经营的黄金时代。

希尔顿每天至少要与一家希尔顿旅馆的服务人员接触，经常从一个洲飞往另一个洲，从一个国家飞到另一个国家，视察他在那儿开设的希尔顿旅馆，了解情况，解决问题，但是他对各级服务人员问得最多的还是这句："你今天对顾客微笑了没有？"使希尔顿的旅馆在世界五大洲的竞争中不断兴旺发展。希尔顿的微笑体现了这样一条法则：树立起一个令公众满意的良好形象，以此在激烈的市场竞争中求生存、图发展，这是市场经济铁定的法则，任何企业、任何组织只有适应它，才能在竞争中立于不败之地。

难怪一位商人如此赞叹："微笑轻而易举，不用花钱，却永远价值连城。"某知名百货公司的一位人事经理曾这样说："我宁愿雇用一名有可爱笑容而没有念完中学的女孩，也不愿雇用一个摆着扑克面孔的哲学博士。"

微笑不但能够保持你自己外在的良好形象，而且也影响着自己和别人的情绪。真诚地微笑能调节体内的荷尔蒙，让人由内向外放射着愉悦的光彩。而笑容又能够影响他人，让他们像你一样产生愉悦的情绪，心理学家分析后认为，如果你对他人微笑，对方也会回报以友好的笑脸，但在这回报式的微笑背后，有一层更深的意义，那便是对方想用微笑告诉你，你让他体会到了幸福。而这是一个良性的传播快乐的过程。

一些不懂得利用微笑价值的人，实在是很不幸的。要知道，微笑在交往中能发挥极大的效果，无论在家里，还在办公室，甚至在途中遇见朋友，只要你不吝微笑，立刻就会显示出你优秀的一面来。

卡耐基口才金言

把笑容展示给别人，你得到的不仅仅是快乐，更多的是别人对你的认可。

身体语言为你铺平道路

有时，千言万语难以表达的思想感情，或一时说不出口的心底的话，采用身体语言巧妙地加以表露，就容易使对方心领神会。有效的交谈沟通离不开身体语言的辅助作用。

身体语言是一种无声语言，它是一种比有声语言更能表现一个人的情感和个性欲望的语言。身体语言所显示的意义要比有声语言多得多，而且深刻很多。

第一课 [最讨人喜欢的口才风格]

人类发出的语言信息,其中身体语言占有较大比值。身体语言比有声语言内涵更丰富,更具有多变性、多意性和联想性。身体语言的符号就像一幅色彩斑斓的图画,人们常说,每一个女人的心里都有一个哈姆雷特的形象。这就是说,每个人在接触艺术符号的时候,都凭借着自己人生的经验去补充,去完善,去创造。

从对方身体各部位的动作来了解人的思想感情,是了解和掌握说话要领的一种技巧。如正襟危坐表示恭谨,手舞足蹈表示欢乐,振臂昂首表示慷慨激昂,点头哈腰表示谄媚。不使用动作的人是没有的,同时,动作也是调整体态平衡的一种需要,而且,还强化你抒发此时的感情。比如:当孩子有错误时,母亲往往在说理时搂着孩子。这一动作充分体现了母爱的赤诚,从而也更容易感化孩子的心灵。

身体语言有各种各样的表现,是比较复杂而微妙的,但不管如何,不是自然的动作,就是呆笨的动作。

多年前,纽约市市政厅邀请瑞格去一个集会演说。事前由当地一位不善言辞也不注重体态表情的秘书明威尔作开场白。明威尔由于结结巴巴,使听者的反应从一开始就不大热烈。更糟的是明威尔开始慌乱起来,他的腿不停地改变姿势,从分立变成交叉,甚至将脚尖微微相对,引起前排的妇女阵阵笑声,他急忙将手抽出来,环抱着,听众又是一阵骚动,结果,这种拙劣的表演把在场的听众的兴致全部打消了。

良好的体态,首先要给人一个精神饱满的印象,弯腰驼背的模样,不仅给人一种颓丧感,而且对说话也不利。很多学者提出演讲者的姿势,强调头抬高,背挺直,眼光注视观众,这种体态,不但充满活力,而且使你的话语带有权威性,因为这种体态显示了一种自信和坚定。当然,也有人出于策略需要,故意装出颓丧不振的样子,以尽量打消对方听话的兴趣。在某种情况下,这也是一种技巧。美国著名律师达罗,有时会在他的对手向陪审团提出证据时要点小花招,他乱动乱摆,甚至让手中的雪茄烟灰逐渐增长,直到人们的眼睛望着他,直到手中烟灰落下来,使对手说不下去。

一个会说话的人,他所用的不仅仅是他的口。我们经常可以发现,有些人一开口,别人就静下来听;而另一些人讲话时,听众仍各干各的,甚至打断他的话。这种情况之所以出现,当然有许多复杂的原因,但其中有一个重要原因,那就是有的人懂得使用表情,使用眼、胸、肩等身体的各个部位来配合他的口来吸引人,而有的人却不懂得这样做。试想一想,如果一个人在说话时只是嘴在动,而身体的其他部位是绝对静止的,他会对听众有吸引力吗?

从你出现到你开口说话的这段时间里,你都在说话,只是没有用口,而是用身体的其他部位。你的眼、手、脚等的一举一动都能体现出一种表情,而这种表情可使人准备听你的话,也可以使人不想听你的话,甚至使人对你产生一种厌恶感。

一个会说话的人在开口之前,必须调动身体的各个部位,向听众传达他对他们的敬意与好感,暗示出他将要说的话的基调和重要性。这是一次成功交谈的必要前奏。即使是在谈话的过程中,他突然站起来,或者是座位向对方移近一些,或者突然作一个不寻常的姿态,只要自然得体,对他的说话的效果也大有帮助。

许多参加演讲比赛的人都很注重采用以上的办法。他们非常注意练习登台走路的姿态,练习怎样鞠躬、怎样注视听众,以此来使听众对他们产生兴趣,把注意力都集中到他们身上来。他们的这些动作,一般都成功地为他们的语言铺平了道路。

身体语言有助于提高听众的理解,有助于你说话顺利流畅,有助于引起听众的注意。

第一课 [最讨人喜欢的口才风格]

卡耐基口才金言

在社交场合讲话要生动有力,给人以深刻印象,少不了身体语言来辅助。辅助手段如果运用得当,可以加强语势,并能取得较好的信息沟通效果。

 **学会倾听,做一名忠实的听众**

在社交场上,你时常可以看到你的一个朋友和另外一个不认识的人聊得起劲,此时,你可能就会有加入他们谈话的想法。

因为你不知道他们谈论的话题是什么,而你突然加入,可能会令他们觉得不自然,也许话题会接不下去。更糟的是,或许他们正在进行着一项重大的谈判,却由于你的加入使他们无法再集中思想而无意中失去了这笔交易;或许他们正在热烈讨论,苦苦思索解决一个难题,正当这个关键时刻,也许由于你的插话,会导致对他们有利的解决办法告吹,到后来气氛就会转为尴尬而无法收拾。此时,大家会觉得你没有礼貌,也许会厌恶你,导致你的社交失败。

假设一个人正讲得兴致勃勃时,你突然插嘴:"喂,这是你在昨天看到的事吧?"说话的那个人因为你打断他说话,绝对不会对你有好感,很可能其他人也不会对你有好感。

许多不懂礼貌的人总是在别人谈着某件事说到高兴处时,冷不防半路杀进来，让别人猝不及防，不得不偃旗息鼓，停止谈论。这种人不会预先告诉你，说他要插话了。他插话时有时会不管你说的是什么，而将话题转移到自己感兴趣的方面去，有时会把你的结论代为说出，以此得意洋洋地炫耀自己的口才。无论是哪种情况，都会让说话的人顿生厌恶之感，因为随便打断别人说话的人根本就不知道尊重别人。

很多人擅长侃侃而谈，并以此为荣。他们为了使别人赞同自己的意见，就唠唠叨叨地说个不停，使别人根本没有说话的余地。尤其是有的推销员最易犯这个毛病，一味地对顾客夸耀自己的货物如何好，使顾客没有插嘴的余地，其实这是最错误的事。顾客有购买的念头，才挑剔货物，他批评这些货物，不必与之争辩，选定之后，他自然会购买。若是你和他争辩，就如同指责顾客没有眼光，不识好歹。顾客受此侮辱，肯定到别家去了，岂不白白损失了一笔生意？

所以人家说话的时候，自己若有不同意之处，应待别人说完，切不可插进去或阻止别人，阻止别人其实是最大的错误。因为当别人还有许多话没有说完，别人绝不会来接受你的意见，也根本不会听你的。所以我们应鼓励别人把意见表达出来，耐心地倾听别人讲话。

在候机大厅里，庞克正在专心读书，忽然邻座传来一位老太太的声音："我敢说芝加哥现在一定很冷。"

"大概是吧。"庞克漫不经心地答道。

"我快3年没去过芝加哥了。"老太太说，"我儿子住在那儿。"

"很好。"庞克头也不抬地说。

"我丈夫的遗体就在这飞机上。我们结婚都有53年了。你知道，我不开车。他去世时是一位修女开车把我从医院送出来的。我们甚至还不是教徒呢。葬礼的主持人把我送到机场。"老太太有点忧伤地说。

此时，庞克觉得自己刚才不理老太太的行为多么令人讨厌，他终于明

第一课 [最讨人喜欢的口才风格]

白：身边有一个人正在渴求别人倾听她的诉说。她孤注一掷地求助于一个冷冰冰的陌生人，而这个人更感兴趣的是读书。

她所需要的只是一个听众，不要忠告、教诲、金钱、帮助、评价，甚至不需要同情，仅仅是乞求对方花上一两分钟来听她讲话。

庞克不再读书了，而是用心听老太太说话。老太太一直缓缓地讲着，直到他们上了飞机。

这看起来是那么矛盾：在一个拥有发达的通讯设备的社会里，人们却苦于无法交流，无法找到一个听众。老太太在机舱另一边找到了她的座位。当庞克把大衣挂起来的时候，又听见老太太用带着哀愁的音调对着她的邻座说："我敢说芝加哥现在一定很冷。"

庞克在心里祈祷："上帝，但愿有人听她讲。"

人都会有一种倾诉的欲望，如果有人在向你喋喋不休时，耐心地倾听就是对他人最大的尊重。

卡耐基口才金言

> 别人说话的时候，自己若有不同意之处，应待别人说完，切不可插进去或阻止人家。应鼓励别人把意见表达出来，耐心地倾听别人讲话。

你知道多少，就说多少

有一次，我去旁听一位美国加州大学著名教授的演讲。课上他提出他做的老鼠实验的结果。此时，有一位学生突然举手发问，提出了他的看法，并问这位教授假如用另一种方法来做，实验结果将会如何。所有的听众全都看着这位教授，等着看他如何回答这个他根本就不可能做过的实验。结果，这位教授却不慌不忙，直截了当地说："我没做过这个实验，我不知道。"

当教授说完"我不知道"时，台下响起了经久不息的掌声。

心理学家邦雅曼·埃维特曾指出，平时动不动就说"我知道"的，不善于同他人交往，也不受人喜欢；而敢于说"我不知道"的人，显示的则是一种富有想象力和创造性的精神。埃维特还说，如果我们承认对某个问题需要思索或老实地承认自己的无知，那么我们自己的生活方式就会大大的改善。

这就是他竭力提倡的态度，人们可以从中得到益处。

人们不喜欢摆出一副不懂装懂的姿态，殊不知这样反倒给人一种有效的表现自我的方式，因为坦率本身就会给人一种强烈的印象，会让人觉得你很诚实而对你产生依赖感。

与人交谈时，什么都可以谈，但是，在浩渺无边到处都可以航行的谈话题材的大海洋里面，也有一些小小的礁石，要留心地避免它。对于你所不知道的事情，冒充内行，是一种自欺欺人的行为。你知道多少，就说多少，没有人要求你做一个百科全书，即使是一个最有学问的人，也不可能无所不知。所以，坦白承认你对某些事情的无知、不知道，这绝不是一种耻辱，相反的，这会使别人认为你的谈话有值得参考的价值，没有吹牛，没有浮夸，没有虚伪。

谦逊比精明逞强更能获得人们的帮助，细声小语有时反比伶牙俐齿更易取得成功。大丈夫隐藏在自己的舌头后面。

第一课 [最讨人喜欢的口才风格]

卡耐基口才金言

一个人有本事是件值得佩服的事，如果再能用谦虚的美德来装饰，那就简直值得敬佩了。

大胆地说"我不知道"

在生活中常可以遇到一类好为人师的人。他们总喜欢指出人家这么做得不合适了，那么做得欠火候了，似乎他什么都在行，对什么都可以说出个道理来。这种自负，恰好是自卑心理的曲折表现。他们之所以摆出一副"万事通"的面孔来，就是唯恐被人看不起。他们炫耀自己的目的就是要提高自己的地位，可是这样做的结果更使他们捉襟见肘，遭人厌恶。道理很简单，你不相信别人有办好事情的能力，别人也不会把你的能力放在眼里。

这种人总以为自己很聪明，博学多才，经验丰富，可以成为别人的老师，而且若不能把自己的经验告诉别人或教诲别人，就觉得浑身不自在，心中颇难受。因为不对人指指点点，自我的"博学""经验"又怎么显现于人们面前呢？又怎么赢得其他人的赞美和敬佩呢？

知识无穷无尽，一个人所知再多也不可能穷尽。某一方面你可以为人师，但另一方面你就只能做学生。因此，"好为人师者"首先不能"好"，要既能当老师，也要能当学生。同时，即使你在一方面能够"为人师"，也要看人家愿不愿意学。人家要是"厌学"，根本不愿受到你的教诲，那又何必聒噪不休、制造噪音呢？经验在人的肚子里是不会变质的，对能接受的人可以施教，对不能接受的人就可以不说。收敛自己的性情，保持沉稳的风度，自然而然地会受到人们的崇敬。

在一个著名烹调师的妻子举行的一次晚宴上，布朗先生在和女主人以及另一位男宾交谈时，发现女主人的神情不那么自然。

忽然，女主人指着桌子上一个黑色金属用具——看上去像一种电动烤肉铁架——说道："这种特别的工具是用来做'热吃干酪'的，你们知道'热吃干酪'是怎么回事吗？"

布朗先生刚想说知道，那位男宾叫了起来："是吗，完全不知道。什么是'热吃干酪'？是牛排的一种新吃法吗？"

听到这些话，女主人露出了微笑。她向客人作了详细介绍，而且渐渐地变得喜笑颜开了。

听完这些，布朗先生才恍然大悟，原来"热吃干酪"并不像自己所想的是一种什么奶酪三明治，而是干酪火锅的一种吃法。这次经历使布朗先生受益匪浅：不但弄清了一件原以为知道的事情的本来面目，更重要的是，布朗先生看到了自己身上的一个主要缺点，那就是以为自己什么都知道。

卡耐基口才金言

抱着一种学习的心态与人交谈，不但显示了你的谦逊，而且你确实也能学到不少东西。大部分人都有一种"好为人师"的心理需求，他们会欢迎你这位"学生"的。

第一课 [最讨人喜欢的口才风格]

谦虚说话是一种高尚的美德

一个高明的谈话者处处体现谦虚谨慎的态度。无论别人怎样敬仰他、佩服他,他都态度谦恭,虚怀若谷。一个狂妄自大、目中无人的人,是没有多少人愿意与他交谈的;同样,一个心胸狭窄得只容得下他自己的人,也是不受欢迎的。

与人交谈,要保持谦虚的态度,与低于自己身份的人说话,姿态可以适当放低一些。偶尔说一说"我不明白","我不太清楚","我没有理解你的意思","请再说一遍"之类的语言,会使对方觉得你富有人情味,没有架子。相反,高谈阔论,咄咄逼人,容易挫伤别人的自尊心,引起反感,以致使他筑起防范的城墙,从而导致自己的被动。

谦虚之所以受到尊崇,就因为它是做人的美德及事业成功的法宝,但是,在现实生活中,谦虚也并非想做就能做到。有的人得到领导的表扬、同事的夸奖,内心里着实想谦虚一番,却寻找不到适当的表达方法。他们要么手足无措,面红耳赤,支支吾吾,要么说一些"归功于大家"的套话听起来让人觉得虚假。

在社交场合,如何用不同的方式表达自己的谦虚,才能给人留下一个良好的印象呢?

1. 转移对象

如果表扬或赞美使你感到在众人面前窘迫的话,你不妨想办法转移人们的注意力，使自己巧妙地"脱身"，把表扬或赞美的对象"嫁接"到别人的身上，但要有所依据，不然也会显得空和假。

2. 妙设喻体

直言谦虚，固然可取，但弄不好会给人一种虚假的感觉。特别是两个人之间，如果仅仅说"你比我强多了"这类话，容易有嘲讽之嫌。遇到这种情形，你不妨用比喻的方式，巧妙地表达自己的谦虚。

3. 自轻成绩

任何称赞和夸奖，都不可能毫无缘由，或者因为某件事，或者因为某方面的成绩。这时你不妨像绘画一样，轻描淡写地勾勒一笔，能在淡泊之中见神奇。

4. 相对肯定

面对别人的称赞，如果把自己说得一无是处，不但起不到谦虚的作用，反倒给人一种傲慢的感觉。正如俗话所说："过分的谦虚等于骄傲。"现实生活中，类似这样的情况屡见不鲜。所以，谦虚要掌握一定的分寸。

5. 征求批评

面对人们的赞美，诚恳地征求大家的批评，这是表现你谦虚精神的一种最有效的方法。但注意要适度，不然虚心也就变成了虚假。

我们在社交生活中，可以根据不同的场合、不同的环境、不同的交际对象，去不断创造自我，虚心学习。

卡耐基口才金言

> 只要虚心、努力追求谦虚的品格，在谈话时保持平和坦诚的态度，尊重对方，就一定会成为一个受人敬重的人，说话的分量也会相应增大。

第一课 [最讨人喜欢的口才风格]

尊重说话是一种无声的征服

林肯有次批评他的女秘书:"你这件衣服很漂亮,你真是一个迷人的小姐。只是我希望你打印文件时注意一下标点符号,让你打印的文件像你一样可爱。"女秘书对这次批评印象非常深刻,从此打印文件很少出错。

林肯身为美国总统,可算是世界上最有权势的人之一了,说话如此委婉、客气,是他好修养、好气度的体现。假如他换一种盛气凌人的口吻呵斥:"你怎么连标点符号都搞不清楚,亏你还是大学生呢。"只能让对方反感,反而达不到纠正对方错误的目的。

说话是一门艺术,这是毋庸置疑的。有很多人说的话,立足点和出发点本来是不错的,但由于说话时不尊重对方,因而导致无谓的误解和争端。

人都是有自尊的,渴望获得他人的尊重。扪心自问,我需要别人的理解和尊重吗?同样,这也正是别人都需要的。聪明的人就要先理解和尊重别人。

人的心灵就像花朵,开放时会承受柔润的露珠,闭合时会抵御狂风暴雨。假如我们在规劝别人,实际上就是让他的心灵开放。但是,被规劝的人往往关上心门抵御我们的语言,因为他并不知道我们送的是雨露,而知道怎样保护他的自尊心。所以,要想不损伤他的自尊心,尊重别人是至关重要的。

一般来讲,我们规劝别人很容易使自己站在比别人高的位置上。在本质上，也确实比别人位置高，因为你觉得自己的观点比别人的观点正确，这才能劝人；如果觉得位置比别人低，那就表明你观点不正确，或者对自己的观点不自信，那还去劝什么人呢？

因此，劝人的人实际上的位置应该是高的，但这种高，在劝人时是不能表现出来的，只能摆在和被劝人平等的位置上，这不是虚伪，而是方法上的需要。只有当被劝人觉得你尊重他了，设身处地为他着想，他才能认真考虑你说的话，才能把心扉打开，才有可能达到劝说的目的。

相反，你自恃自己有理，说得对，把位置摆得高高在上，甚至不注意语言的表达方式，一派指责人的口气，势必引起对方的反感，因为你没有尊重他，他会想出各种办法来对付你，使你不但没有达到规劝的目的，还生一肚子气。如果他迫于某种压力或其他因素，而屈服于你的批评，口头上也许承认自己错了，但内心深处还是不会听你的。

卡耐基口才金言

说话言辞犀利，不懂得尊重别人，即使是一番好意，也会伤害他人的自尊心，招致他人的不悦和反感。因而不论说什么话，都应当考虑他人的感受，维护他人的自尊。

第二课

[最受人欢迎的口才艺术]

人本质中最殷切的需求：渴望被肯定。林肯曾经说过："人人都喜欢受人称赞。"爱听赞美的话是人类的天性，人人都喜欢正面刺激，而不喜欢负面刺激。如果在人际交往中人人都乐于赞扬他人，善于夸奖他人，那么，人与人之间的愉快度将会大大增加。

当我们想改变别人时，为什么不用赞美来代替责备呢？纵然下属只有一点点进步，我们也应该赞美他。因为，这样才能激励他不断地改进自己。

责备别人是一件愚蠢的事

已故的华纳·梅格,有一次这样承认说:"30年前我就明白,责备人是愚蠢的事,我不抱怨上帝没有将智能均匀地分配,可是我对克制自己的缺陷已感到非常吃力了。"

华纳·梅格很早就学到这一课,可是我们在这古老的世界上,盲目地行走几十年,然后才豁然醒悟。

一百次中有九十九次,没有人会为了任何一桩事情来批评他自己,无论错误到何种程度。

批评是没有用的,因为它使人增加一层防御,而且竭力地替自己辩护。批评也是危险的,它会伤害一个人的自尊和自重的感觉,并激起他的反抗。

德国军队里的士兵们,在发生某一件事后,不准许立即申诉、批评。他需要怀着满肚的怨气睡去,直到他这股怨气消失。如果他立即申诉,会受到处罚。在我们日常生活中,似乎也有制定这样一个规则的必要——就像嘀咕埋怨的父母,喋喋不休的妻子,斥责怒骂的老板以及那些吹毛求疵、令人讨厌的人。

从上千页的历史中,你可以找出很多很多对"批评"毫无效果的例子。罗斯福和塔夫特总统那场著名的争论分裂了共和党,而使威尔逊进了白宫,使他在世界大战中,留下了勇敢、光荣的史迹,而且还

第二课 [最受人欢迎的口才艺术]

改变了历史。

让我们快速地叙述出当时的情形：

1908年，罗斯福离开白宫的时候，他使塔夫特做了总统，然后自己去非洲狩猎狮子。当他回来的时候，情形就改变了，他指塔夫特守旧，想要自己连任第三任总统，并且组织了"勃尔摩斯党"。这几乎毁灭了共和党。就在那次选举的时候，塔夫特和共和党，只获得两州的赞助——"夫蒙"和"雨脱"，这是共和党一次最大的失败。

罗斯福责备了塔夫特，可是塔夫特有没有责备他自己？当然没有。塔夫特两眼含着泪水，说："我不知道怎么样做，才能和我所已做的不同。"

究竟是谁做错了？这情形我们不知道，也不需要去关心。不过要指出的一点，就是罗斯福所有的批评，并没有使塔夫特自己觉得不对。这些批评使塔夫特尽力替自己辩护，眼中含着泪水，反复地说："我不知道怎么样做，才能和我所已做的不同。"

责备不但不会改变事实，反而会招致愤恨，从而事与愿违。我们要去了解别人，多自省自己，而不要用谩骂的方式，去指责他人。尽量设身处地地替别人着想，他们为什么要这样做，这比责怪要有益得多，而且让人心生同情、忍耐和仁慈。

与人交谈，要记住一点：如果你想采蜜，就不要踢翻蜂房。

还记得曾经赫赫有名的煤油舞弊案吗？它使舆论愤怒了好几年，震动了整个国家。在人们的记忆里，美国公务生活中，从没有发生过这类的情形。

这件舞弊案的事实经过是这样的：

哈尔信脱·福尔，是哈丁总统任上的内政部长，当时委派他主持政府在"爱尔克"山和铁泡脱油田保留地出租的事。那块油田，是政府预备未来海军用油的保留地。

福尔是不是公开投标？不，不是那回事，福尔把这份丰厚的合约，干脆给了他的朋友图海尼。图海尼又如何呢？他把自己愿意称为"债款"的10万美元，给了这位福尔部长。

福尔接着用他高压的手段，命令美国海军进驻那一地区，把其他竞争者赶走，因为他们的邻近油井，吮吸爱尔克山的财富。保留地上那些竞争者，在枪杆、刀光下给赶走了，可是他们不甘心，跑进法庭，揭发了铁泡脱1亿美元的舞弊案。这件事发生后，影响之恶劣，几乎毁灭了哈丁总统的整个行政组织，全国群起哗然，一致痛恨；共和党也几乎垮台，而福尔也被判下狱。

福尔被斥责得体无完肤——在公务生活中，很少有人被这样的谴责过。他后悔了吗？不，根本没有！

那是几年后，胡佛在一次公共演讲中暗示，哈丁总统的死，是由于神经的刺激和心里的忧虑，因为有一个朋友曾经出卖了他。当时福尔的妻子也在座，听到这话后立刻从坐椅上跳了起来。她失声大哭，紧紧握着拳头，大声说："什么……哈丁是给福尔所出卖的？不，我丈夫从未辜负过任何人。即使这间屋子已经堆满了黄金，也不会诱惑我丈夫做坏事。他是被别人所负，才走向刑场，被钉十字架的。"

这情形你可以明白，人类自然的天性，是做错事只会责备别人，而绝不会责备自己，我们每个人都是如此。所以当你明天要指责别人的时候，就想想福尔这些人。

卡耐基口才金言

> 没有多少人愿意听责备的话，愿意接受责备。遇事多责备自己，是解决问题的有效良方。

第二课 [最受人欢迎的口才艺术]

改进自己比要求别人获益得多

你所认识的人，你愿意他改变、调整，或是进步吗？是的，那是最好不过的。可是为什么不从你自己先开始呢？从自私的立场来说，从自己开始要比改进别人，获益得多。

"当一个人争论、激辩时，"鲍宁这样说，"他在若干方面已是不寻常的。"

在我年轻的时候，就很想让人家知道我，我曾写过一封信，给美国文坛上一位极富声誉的作家，他叫台维斯，那时我准备给一家杂志社写些有关文坛作家的文章，所以我请台维斯告诉我，有关他写作的方法。

数星期后，我接到一封信，信上附注着这一句："信系口述，未经重读。"这两句话，很引起我的注意，相信写这信的人，是一位事务繁忙的大人物，而我却一点也不忙。可是我急于引起这位大作家台维斯的注意，我在写了一封简短的回信后，后面也加上这样几句："信系口述，未经重读。"

台维斯不屑再给我回信，只是把我那封信退了回来，可是下面潦草地写着几个字："你态度之不恭无以复加。"

是的，我做错了，或许我应该得到这样的斥责。可是，人性使然，这使我深深的痛恨，对他怀着极度的愤恨。甚至10年后，我知道台维斯去世的消息时，我心里还深深恨他。而我却羞于承认，就是他给了我的伤痕。

当我们要应付一个人的时候，应该记住，我们不是应付理论的动物，而是应付有感情的动物。

指责是一种危险的导火线——一种能使自尊的火药库爆炸的导火线，这种爆炸，有时会置人于死地。

有这样的例子：胡特将军受到人们的指责，又不被允许带兵去法国，对他自尊的打击，几乎缩短了他的寿命。

苛刻的指责，曾使敏锐的哈代——这位英国文坛上非常出色的小说家——永远放弃执笔写小说的勇气。

富兰克林在年轻的时候，并不伶俐，可是后来成为极有手腕，处世待人极有技巧的人，甚至担任过美国驻法国的大使。他成功的秘诀是："我不说任何人的不好。"他又这样说："而说我所知道的每一个人的好处。"

任何一个愚蠢的人，都会斥责人和抱怨人，同时，也是绝大部分愚蠢的人才这样做的。

但若要宽恕和了解，那就需在人格、克己上下工夫了。

卡莱尔曾经这样说过："要显示一个伟大人物的伟大之处，那就要看他如何对待一个卑微的人。"

正如强森博士所说的："上帝在末日之前，还不打算审判人。"

你我又为什么要责怪人呢？

不要苛求、责怪或抱怨。

卡耐基口才金言

过分苛求他人，指责他人的缺点，会损伤他人的自尊心，丧失进取的动力。与其改进他人，不如改进自我，通过自己的人格力量来影响、改变他人。

第二课 [最受人欢迎的口才艺术]

让对方感觉他是个重要人物

世界上只有一个方法，可使任何一个人去做任何一件事，你有没有静下心来，想过这件事呢？是的，只有这样一个方法，那就是使人自愿去做那一件事。

当然，你可以用一把左轮手枪，对着一个人的胸脯，那人会乖乖地把手表给你。你可以用恫吓解雇的方法，让一个被雇用的人跟你合作。你也可以用鞭笞或是恫吓，让一个孩子做你所需要他做的事。可是这些粗笨的方法，都有极端不利的反应。

我能叫你去做任何事情的唯一方法，那就是把你所需要的给你。

你要些什么？

维也纳一位20世纪最享盛誉的心理学家——弗洛伊德博士，他曾这样说："凡你我所做的事，都起源于两种动机，那是性的冲动和能成为伟人的欲望。"

美国一位著名的哲学家——杜威教授，对这上面所用的字句，稍有不同的见解。杜威博士说："人类天性中最深切的冲动，那是'成为重要人物的欲望'。"

记着"成为重要人物的欲望"这句话，是很重要的。

你要些什么？你并不是要很多的东西，可是你真正需要的几种东西，你要坚持着去追求。差不多每个正常的成人都想要：健康，和生命的保护；食物；睡眠；金钱，和金钱所能买到的；生命的后顾；性生活的满足；子女们的健康；自重感。

差不多所有这些欲望都能满足，可是其中有一种欲望，同食物、睡眠一样，既深切，又难得满足，那就是弗洛伊德所说的"成为伟人的欲望"。也就是杜威所说的"成为重要人物的欲望"。

林肯有次写信在开头就说："每个人都喜欢受人恭维。"威利·贾姆士也这样说过："人类天性至深的本质，就是渴求为人所重视。"他并不是说"希望"，或"欲望"，或是"渴望"，而是说了"渴求"为人所重视。

这是一种痛苦的，而且亟待解决的人类"饥饿"，如果能诚挚地满足这种内心饥饿的人，就可以将人们掌握在手掌之中。

寻求自重感的欲望，是人类和动物间，一项重要的差别。

就有这样一个例子。

那时汤姆是密苏里的一个农家儿童，汤姆的父亲饲养一种品种优良的猪和一种白脸牛。那时他们常在牲口展览会中，陈列他们的猪和白脸牛，他们曾经获得几十次的头奖。

汤姆的父亲把蓝缎带的奖章，用针缝在一条白布上，当有亲友们来他们家时，汤姆的父亲就拿出这条白布来，汤姆握着这一端，他握着那一端，将中了头奖的蓝缎带，让亲友们来观赏。

猪、牛并不在乎它们赢得的蓝缎带，可是父亲却十分重视，因为这些奖品，替他带来了一种"自重"的感觉。

假如我们的祖先，没有这种"自重感"炽烈的冲动，我们不会有文化，就跟其他动物差不多了。

就是这种自重感的欲望，激起一个没有受过良好教育，在一家杂货店工作的贫困店员，翻遍了整个堆满杂货的大木桶，找出他用5美分所买的几本法律书籍，痛下决心去研究。你或许听说过这杂货店的店员，他的名

第二课 [最受人欢迎的口才艺术]

字叫林肯。

这种自重感的欲望,激发了狄更斯写出不朽的名著。这种自重感的欲望,使华伦完成了他的设计。同时由于这自种重感的欲望,使洛克菲勒积存了他一辈子花不完的钱。也就是这种自重感的欲望,使城里的巨富,建造一座他所需要的大房子。

这种自重感的欲望,能使你穿上最新颖的服饰,驾驶最漂亮的轿车,畅谈你聪明伶俐的孩子。

卡耐基口才金言

没人不喜欢好听的话,满足人性深处这种被赞扬的欲望,多说积极的言辞,是改进他人、解决问题的有效途径。

满足对方自重感的欲望

洛克菲勒捐钱在中国北平建造最新式的医院,照顾了许多他没有见过面,同时也永远不会见面的贫民,借此得到了他的自重感。

历史上有很多名人为了自重感挣扎的有趣事例。哥伦布向皇家请求获得"海洋大将"和"印度总督"的名衔;女皇凯瑟琳,拒绝拆阅没有称她"女皇陛下"的信件;林肯夫人在白宫对格兰特夫人像头母老虎似的吼叫:"我没有请你之前,你怎敢坐在我面前!"

曾有一位百万富翁,资助白特将军去南极探险,附带一个条件,就是用他的名字为一些冰山命名。有一个叫夫古的人，甚至希望把巴黎改称成他的名字。

人们会为了取得同情、注意和一种"自重感"而故意装病。

因此，人际交往中不妨借助这种"自重感"，多说些让人产生"自重感"的话，会有助于提升他人对你的好感，让双方感情升温，增进双方关系。

琳哈特夫人有一次告诉我，有个年轻能干的少妇，为了要得到自重感，而装成一个病人。琳哈特夫人说："有一天，这妇人不得不面对一种事实……或许是年龄的关系，使她永远不能结婚的事实，想到孤独的晚年就将在她面前展开，可期望的事，实在太少了。"

琳哈特夫人又说："她躺在床上有10年的时间。她年老的母亲，每天上下三楼，捧着盘子去侍候她。有一天，这位年老的母亲由于过度的疲惫，终于倒地去世，床上的这个病人，沮丧了数星期后，穿衣起床，身上的病也消失了。"

有些专家宣称：人可能真的会发疯，为的是要在疯狂的幻境中，寻找冷酷的现实世界上所得不到的自重感。在美国医院中，患精神病的数目，要比患其他病的总和还多。如果你年纪在15岁以上，又住在纽约州这地方，你可能有1/20的机会，在你的一生中要住7年以上的疯人病院。

精神错乱的原因是什么？

没有人能回答出那样笼统的问题，实际上，约有半数以上的精神病，可以归源于这类的生理原因，像脑部受到损伤，酒醉，中毒和由于其他原因所造成的伤害。

可是另外半数疯狂的人，明显的，他们脑细胞机构中并没有任何病态。在他们去世后解剖检验，用最高性能的显微镜研究他们的脑细胞组织，发现他们的脑细胞，完全跟正常人一样健全。

第二课 [最受人欢迎的口才艺术]

为什么这些人会精神错乱?

有人曾向一位疯人医院的主治医师,提出那样的问题。这位医师拥有渊博的精神病理方面的学识,使他获得最高的荣誉。他诚恳地说,他也不知道人们如何会精神错乱。可是他却作这样的解释,许多精神错乱的人,在他疯癫中找到了真实世界中所无法获得的自重感。这位医师讲述了我一个真实的故事。

"我现在有个病人,她的婚姻是一出悲剧,她需要爱情、孩子和社会上的声望。可是现实的生活,却没有赋予她梦幻中的希望。她丈夫不爱她,甚至拒绝跟她一起用餐并强迫她服侍他在楼上房间吃饭。她没有孩子,没有社会地位。终于造成了她精神错乱,而现在在她疯癫梦幻中,已跟她丈夫离了婚,恢复了她少女时的姓名。她现在相信自己,已嫁给英国贵族,并且坚持要人家称她是史密斯夫人。

"至于她所希望的孩子,现在她幻想中也已经有了。每次我去看她时,她说:'医生,我昨夜生了一个孩子。'"

医师说:"如果我能伸出我的手,对她多说些鼓励赞扬的话,去治愈恢复她的清醒,我也不愿意那样做,她现在似乎获得了她真正所期盼的快乐。"

卡耐基口才金言

如果有人对自重感这样的迫切饥渴,那么我们为什么不给他们以鼓励,给他以真诚的赞扬,那时你我的成就,又会产生什么样的奇迹?

诚于嘉许，宽于称道

据我所知道：有史以来，年薪百万美元的只有两个人——克莱斯勒和史瓦伯。

安德鲁·卡内基为什么要付史瓦伯年薪百万美元，或是三千余元一天呢？安德鲁·卡内基付史瓦伯年薪百万美元，那是由于史瓦伯是位优秀的天才？不，不是的。那是由于史瓦伯对钢铁的制造，有特殊的专长？不，也不是的。

史瓦伯曾这样告诉过我，有许多在他手下做事的人，在钢铁的制造方面比他知道得多。史瓦伯有这样高的薪金，是由于他有特殊待人的能力。我问他是怎么做的，这里就是他亲口告诉我的情形。这些话应该刻在能永久保留的铜牌上，把这面铜牌悬挂在全国每个家庭、学校、商店、办公室里。这些话，当在孩子的时候，就应该背诵下来。如果我们真能照着这些话去做，你我的生活方式，跟过去就完全不一样了。

史瓦伯这样说："我认为，我有激发他们热诚的能力，那是我所具有的最大的资源，我充分发掘每一个人才能的方法，是赞赏和鼓励！"

他又说："世界上最容易摧毁一个人志向的，那就是上司所给他的指责。我从来不指责任何人，我只给人们工作的激励。我是急于称赞，而迟于找错，如果说我喜欢什么的话，那就是诚于嘉许，宽于称道。"

那是史瓦伯平时所做的，也正是跟一般人相反的。

第二课 [最受人欢迎的口才艺术]

一般人不喜欢一件事,他会尽量地挑剔错误,如果真的喜欢,他会什么话也不说一句。

史瓦伯又这样说:"在我一生的广阔交往和与世界各地知名之士见面中,我还没有找到一个人,无论他如何伟大,地位如何崇高,不是在被赞许的情形下,比在被指责的情形下,更能够成就伟大的事业。"

是的,他所说的,就是安德鲁·卡内基惊人成就的一项显著的理由。安德鲁·卡内基并非私下的,而是公开地称赞他的同仁。

安德鲁·卡内基甚至于在他的墓碑上,还称赞他的助手。这是他为自己所写的碑文:"埋葬在这里的,是个知道如何跟比他自己聪明的人相处的一个人。"

卡耐基口才金言

> 赞美是改进他人的良方,你的一个不经意的赞美也许会让他人产生巨大变化。不要吝惜你的赞许,当你的赞美使他人受益的同时,你也将收到意外的回报。

赞美的力量让人无法抵挡

关于赞美的作用,著名作家马克·吐温甚至这样说:"仅凭一句赞美的话语就可以活上两个月。"

有一次,我到邮局去寄一封挂号信,人很多,我排着队。我发现那位管挂号的职员对自己的工作已经很不耐烦——称信件、卖邮票、找零钱、写发票,我想:可能是他今天碰到了什么不愉快的事情,也许是年复一年地干着单调重复的工作,早就厌烦了。因此,我对自己说:"我要使这位仁兄喜欢我。显然,要使他喜欢我,我必须说一些令他高兴的话。"所以我就问自己,"他有什么真的值得我欣赏的吗?"稍加用心,我立即就在他身上看到了我非常欣赏的一点。

因此,当他在称我的信件的时候,我很热诚地说:"我真的很希望有您这种头发。"

他抬起头,有点惊讶,面带微笑。

"嘿,不像以前那么好看了。"他谦虚地回答。

"虽然你的头发失去了一点原有的光泽,但仍然很好看。"

听了我的话,他高兴极了,对待工作也一下子显得积极起来。

我们愉快地谈了一会儿,我寄完信临走时,他竟兴奋地对我说:

"很多人都称赞过我的头发。"

我敢打赌,这位仁兄当天接下来的工作时间里一定工作得很愉快;我敢打赌,他回家以后,一定会跟他的太太提到这件事;我敢打赌,他一定会对着镜子说:"这的确是一头美丽的头发。"

想到这些,我也非常高兴。

真诚的赞美好比在平静沉闷的湖面上打了一个漂亮的水漂,能够激起层层浪花、阵阵涟漪,使整个气氛变得生动活泼起来。在说话中,适当运用赞美的艺术会对缩短交流双方的距离、密切彼此的关系,为心灵沟通打下很好的基础。一般来说,赞美的话人人爱听,人们受到赞美,都会表现出心情愉快,信心大增,自身受到肯定的同时也容易对称赞者产生好感。但赞美也需要一定的技巧。

过于夸张的赞美反而让对方感到尴尬,失实或者不恰当的赞美则显

第二课 [最受人欢迎的口才艺术]

得虚伪，因此，赞美不仅要真诚，更要善于发现一个人真正值得真诚赞美的地方。比如说，对老年人应该更多地赞美他光荣辉煌的过去、健康的身体、幸福的家庭或有出息的儿女等；对年轻母亲赞美她的小孩往往比直接赞美她本人更有效。

卡耐基口才金言

> 要想不引起憎恨又不伤害感情而达到预期的目的，第一个信条是：从正面赞美对手。

发自内心地、诚恳地赞赏他人

诚恳地赞赏，是洛克菲勒对待人的一个成功的秘诀。有这样一件事，当他的一个伙伴——倍德福，措施失当，在南美做错了一宗买卖，而使公司亏损了100万美元时，洛克菲勒对他并没有任何批评或指责。

他知道倍德福已尽了最大的努力，同时这件事已宣告结束。所以洛克菲勒找些可称赞的事来，他恭贺倍德福，幸而保全了他投资金额的60%。洛克菲勒这样说："那已经不错了，我们做事不会每一件都是称心如意的。"

齐格飞，这位闪耀于百老汇，最具惊人成就的歌舞剧家。他屡次把人们不愿意多看一眼，很不出色的女子，改变成在舞台上一神秘诱人的尤物。

齐格飞很实际，他增加歌女们的薪金，从每星期30美元，到175美元。他也重义气，在福利斯歌舞剧开幕之夜，他发出贺电给剧中明星，并且赠与每一个表演的歌女一朵美丽的玫瑰花。

我曾经有一次为"流行"的绝食所迷，有6个昼夜没有吃东西。那种情形并不困难，到第六天时，似乎比第二天还不感到饥饿。可是你我都知道，如果有人使他的家人或是雇员，6天内没有东西吃，那就犯了罪。可是他们却会6天、6星期或是60年不给家里的人或是雇员所期盼中得到像食物一样的赞美。

当年，"爱尔法利特·仑脱"在"维也纳的重合"剧中担任主角的时候，曾经这样说过："我最需要的东西，是我自尊的滋养。"

我们照顾了孩子、朋友和员工们体内所需要的营养，可是我们给他们自尊上所需要的营养，却又何等稀少。我们给了他们牛排、马铃薯等食物，培植他们的体力，可是忽略了给他们赞赏和那些温和的言语。

有些读者看到这几句话时，可能会这样说："这是老套、恭维、阿谀、拍马屁，我都已尝试过那些了，一点也没用……这些对受过教育的知识分子是没有用的。"

当然拍马那一套，是骗不了明白人的，那是肤浅、自私、虚伪的，那就应该失败，而且常常失败。可是，有些人对赞赏，出于内心的赞赏，简直太需要了。

卡耐基口才金言

每个人都珍视真心诚意，它是人际交往中最重要的原则。同样，它也是赞美中的重要原则。真心诚意地赞美他人，让他人感受到你的诚意，你的赞美才有效果。

第二课 [最受人欢迎的口才艺术]

不要给你的赞赏打折扣

许多人在称赞他人的时候都很容易犯一个严重的错误：把赞赏打了折扣再送出。不是给予百分之百的赞赏，而是画蛇添足地加上几句令人沮丧的评论或是一些能削弱赞赏的话语。

尤其那些对杰出成绩的赞赏，总是和批评一起"搭卖"。成绩越是突出，人们就越觉得自己有责任去"评论"而不仅是称赞这一成绩。他们无法忍受只唱赞歌，一定要多少挑出点缺憾才罢休。

一位语言学家曾说："同样的音调或语句反复出现时，常具有感化人的力量。譬如林肯的名言'民有、民治、民享的政府'，倘若他仅为了提出一项政见，仅说'民主的政府'即可。但是，他三度强调'民'字，遂产生更深刻感人的效果。"的确，每个人听到这句铿然有力的话语时，都会情不自禁地加深自己对此种理想的政府的向往之情。而在每个人反复听到这样一句赞美的话时，他们也会被感动。

还要小心另外一种错误的观念，即以为打了折扣的赞赏会更真实可信，更有分量。

不要自作聪明地指点同伴，怎样做会更好，哪怕是生活小事。比如："您做的菜味道真好，哪一样都不错，就是汤里的盐多了一点……"这种折扣不仅破坏了赞扬的效果，还有可能成为引起激烈争论的导火索。

有时你必须对某项工作做一次全面的总结和评论，这样一来，赞赏和批评就不可避免地联系在一起。

在这种情况下你也没有必要把优秀成绩打折，请把总结中的批评当作与赞赏相对立的独立部分。

别让对方的谦虚削弱了赞赏的作用。有些人很少受到表扬，所以听到别人称赞他时会不知所措；还有些人在收到称赞的时候想要表明，取得优秀的成绩对他来说是家常便饭。这两种人面对赞赏的反应几乎一模一样："这不算什么特别的事，这是应该的，是我的分内事。"

听到对方这种回答的时候，你不要一声不响，此时的沉默表示你同意他的话，就好像对他说："是啊，你说得对，我为什么要表扬你呢，我收回刚才的话。"

你应该再次称赞他，强调你认为这是值得赞赏的事，请你重复一次对他哪些方面的成绩特别看重，以及你为什么认为他表现出众。

还有人错误地把赞赏他人当成了自我表现的机会。他们以为能够通过打了折扣的赞赏来证明自己的"批判性思维能力"，从而也出出风头，显出他们的理性和水平。比如，他们会说："您这一生中不断获得成功。不过有一回，那次金融风暴时您的公司日子也不好过，可话又说回来，谁都不会十全十美嘛……"

任何赞赏打了折扣，也会有了瑕疵，从而产生不必要的负面影响。

打了折扣的赞美就像雪白的桌布沾上一块黑色的污迹，使人们偏离正题，求全责备。它破坏了赞赏的作用，使受赞赏的一方原有的喜欢之情一扫而空，反而是那么几句"额外搭配"的非议让人难以忘怀。

卡耐基口才金言

称赞他人的时候，请不要提及会让赞赏打折扣的旁枝末节。请紧紧围绕赞赏这一主旨，主要谈论对方的成绩。记住，永远别忘记赞美他人，而且要不止一次地去赞美。

第二课 [最受人欢迎的口才艺术]

 **赞美如煲汤，火候很重要**

钢铁大王卡内基为什么付给史瓦伯100万美元年薪呢？是因为史瓦伯是天才吗？不是。因为对钢铁制造他比别人知道得多吗？瞎说。史瓦伯自己曾经说过，在他手下做事的许多人，对钢铁制造知道得都比他多。

史瓦伯说他得到此薪金，大部分得益于他的人际交往能力。他说："我认为我具有激发人们才能的能力，这是我拥有的最大资源，而充分激发一个人的才能的方法就是用赞赏和鼓励。"

"世界上最容易抹杀一个人的就是上司的批评，所以我从来不批评任何人。我相信给人以工作的激励，就会启发他的无限创造力。所以我急于称赞，迟于找错。如果我喜欢什么的话，就是我'诚于嘉奖，宽于称道'。"史瓦伯就是这么做的。

赞美别人时如不审时度势，不掌握一定的技巧，即使你是真诚的，也会变好事为坏事。就像你本来用很昂贵的原料煲了一锅汤，但是如果火候掌握得不好，那么再好的原材料也不会煲出味道鲜美的汤。

特别是在赞美上级的时候，更需要掌握赞美的火候。我们赞美身边的普通人，即使话语不得体也没有太大的关系，别人也不会把你怎么样。但是当我们赞美上级的时候，如果火候拿捏得不好那么后果可能就会很严重了，也许你一辈子都会郁郁不得志；如果赞美得恰如其分，说不定就会使你加官晋爵。

所以，赞美就像煲汤，火候很重要。在你开口赞美别人的时候，一定要遵循以下法则。

1. 讲究场合，合乎时宜

赞美的效果在于相机行事、适可而止。当别人计划做一件有意义的事时，开头的赞扬能激励他下决心作出成绩，中间的赞扬有益于对方再接再厉，结尾的赞扬则可以肯定成绩，指出进一步的努力方向，而达到"赞扬一个，激励一批"的效果。

2. 赞美的话不能千篇一律，要有特点

人的素质有高低之分，年龄有长幼之别，因人而异、突出个性、有特点的赞美比一般化的赞美能收到更好的效果。

3. 赞美一个人的行为或贡献比赞美他本人好

当你赞美一个人的行为或贡献时，你的赞许更显得真诚，而且，如果别人知道他的确值得被赞美，会获得最好的效果。赞美行为比赞美本人更可以避免功利主义或偏见。

4. 赞美要翔实具体

在日常生活中，人们有非常显著成绩的时候并不多见。因此，交往应从具体的事件入手，善于发现别人哪怕是最微小的长处，并不失时机地予以赞美。赞美用语越翔实具体，说明你对对方越了解，对他的长处和成绩越看重。

卡耐基口才金言

赞美别人，掌握火候才是最关键的。只有火候掌握得好，赞美才会散发出最浓郁的香味。

第二课 [最受人欢迎的口才艺术]

 ## 赞美对方最微小的进步

对于事业刚刚起步的员工来说,内心往往会感到异常地艰难和孤独,失意时听不到一句鼓励的话语,成功时也没人向他们祝贺。

在这个时候,新员工如果得到的即使是片言只语的表扬,那也是令人兴奋不已的,从而也就更加坚定了信心,努力把事情做好。

有些人以为,只有大的成功才值得去表扬,小成绩无足轻重。其实这种理解是片面的,没有考虑人的内心欲求,特别是在最初工作时的孤独与艰难。

当一个下属初次走上一个工作岗位时,他会对这里的环境很陌生,如果在作出一点小成绩时就得到了领导的表扬,那么他的信心一下子就树立起来了。在这方面有个叫卡雷的人做得不错。

担任企业资源开发公司总经理的麦克斯·卡雷在创立以亚特兰大为中心的销售和市场服务公司时,就曾经历过步履维艰的困窘。当时,他的手下只有一个临时雇员。按他的话说:"大的成功离我们太遥远。我们几乎感受不到任何激励。"他想出了一个决定:每次获得一个小成功都要自己庆贺一番。

卡雷出去买了一个警报器,还配了扩音器,这样就能发出救护车的声音。如果他在电话中宣传自己的产品时能绕过培训部主管,直接与那家公司的总经理通话,就要鸣笛庆贺一次;如果收到一大笔订货,警笛也会鸣

响。如今,他的公司已拥有100多万美元的资产和11名雇员。每个星期,警笛声大约要在公司内回荡10次。

每当知道有好消息时,大家都要出来听他们的同事对刚刚取得的成功吹嘘一番,这也为大家提供了互相交流的机会。卡雷说:"我们的雇员经验还不够丰富,无法取得巨大的成功,所以这种庆贺也是一种很大的鼓励。"正是这些小进步用来临时的表扬鼓励,使卡雷的公司取得了惊人的成绩。

请记住:要表扬每一个进步,不管这进步有多么微小。

卡耐基口才金言

你的每一次赞美,对他人都是一个微小的进步。赞美最细小的进步,而且是赞美每一次进步,要诚恳地认同和慷慨地赞美。

 **远离卑贱的赞美——谄媚**

有这样一个例子:屡次结婚的狄文尼兄弟俩,为什么在婚姻方面会有这样炫耀的成功?为什么这两位所谓"公子哥儿"的狄文尼兄弟,能与两位美丽的电影明星、一位著名的歌剧主角和另外一位拥有数百万家产的哈顿结婚?那是什么原因?他们是怎么做的?

圣约翰在自由杂志中,曾这样说:"狄文尼对女人的魅力,这许多年来,是人们心里的一个谜……"

他又说:"妮格雷这女人能识别男人,也是一位艺术家,有一次她

第二课 [最受人欢迎的口才艺术]

向我解释说："他们了解恭维、谄媚的艺术，比我所看到其他所有人的都成功。这恭维的艺术，在这真实幽默的时代中，几乎是一件被人忘了的东西，狄文尼对女人的魅力，或许就在这上面了。"

赞赏和谄媚的区别——那很容易识别出来，赞赏是出于真诚，而谄媚是虚伪的。一个出于由衷，一个出于嘴里。一个是不自私的，一个是自私的。一个是为人们所钦佩的，一个是令人不耻而摒弃的。

最近我去墨西哥城的吉伯尔铁匹克馆，看到奥伯利根将军的半身人像。半身像的下面，刻着奥伯利根将军的名言："别怕攻击你的敌人，提防谄媚你的朋友。"

不！不！我不是叫人去谄媚、恭维，那相差远了，我是在讲一种生活的方法，一种新的方法。

英皇乔治五世有一套格言，共有六条，悬在白金汉宫书房的墙上。其中有一条是说，"教我不要奉承或接受卑贱的赞美"。"卑贱的赞美"，就是"谄媚"的解释了。我曾经看到一句关于谄媚的话，很值得写在这里，那是"谄媚是明白地告诉别人，他想到他自己的种种"。

利夫华尔特·爱默生说："你用任何的言语所要说的，总离不开自己的种种。"如果我们所要做的，就是用恭维、谄媚，那么任何人都可以学会，都可以成为"人类关系学"的专家了。

当我们不在思考某种确定的问题时，常用我们95%的时间去思考自己。而现在如果停止一刻不去想我们自己，开始想想别人的优点，我们就不必措辞卑贱、虚伪，在话未说出口时，已可以发觉是错误的谄媚了。

爱默生又说："凡我所遇到的人，都有胜过我的地方，我就学他那些好地方。"

爱默生这样的见解，是非常正确的，是值得我们所重视的。停止思考我们自己的成就和需要，让我们去研究别人的优点，把对人的恭维、谄媚忘掉，给予人由衷、诚恳的赞赏。人们对你所讲的，将会重视和珍惜，终生藏之背诵……即使你已把这件事忘了很久，可是他还牢牢记着你所说的话。

卡耐基口才金言

不要把谄媚与赞美混为一谈，虚假的谄媚或许能风行一时，但日久必露馅，让人反感生厌。

要真诚赞美，不要曲意奉承

赞美是一种说话的艺术，正确运用这门艺术，会使被赞美者心情愉快，而赞美者自己，也会从中感到快乐甚至感到幸福。

但是，在这里我们有必要弄清楚这样一个问题：真诚的赞美和奉承究竟有什么不同。因为弄清楚这个问题，是使那些不愿赞美他人者"赞口常开"的关键。

赞美与奉承有本质的区别。赞美是真诚、热忱的，是出于真实的感觉，绝不能掺杂任何不良的用心；同时，赞美是对别人的优点和长处充分肯定，是为满足别人对于尊重和友爱的需要，给别人以精神上的激励和鼓舞。而奉承他人则是宁肯牺牲自己的尊严去恭维人，是出于某种不可告人的企图，明显是趋炎附势，巴结讨好权威。

第一个区别：是否发自内心。真诚的赞美起源于内心深处的一种"美感"，一种冲动。它反映了一个人对另一个人的认可：外表漂亮，言谈合

第二课 [最受人欢迎的口才艺术]

自己的口味,行动敏捷,品格高尚……即在两个人之中,其中一个人在另一个人身上发现了符合自己理想和价值标准的可贵之处。我们认识这个人、了解这个人的时候,已经有一种无形的力量促使自己要去赞美他的一些优点。

但是奉承却不同,它不是发自内心世界的对另一个人的认可和钦佩,而是基于内心世界早已存在的一种目的,一种对眼前或日后能够收到"回报"的投资。奉承者在"赞美"他人的时候,脸上虽眉飞色舞,但却有几分不自在;他的词语是火辣辣的,但他的内心却是一片冰冷。他在赞美一个人的时候,心里想着的只是如何顺利办完与自己利益攸关的事,如何获得自我的满足。

第二个区别:真诚的赞美是实事求是、有理有据的赞,而奉承则是凭空捏造、无理无据的捧。一个真诚的人,在赞美别人的时候,非常有针对性和分寸。他们知道哪些应该讴歌,哪些应该提醒注意,哪些应该反对。在他们看来,真正的十全十美是不存在的,事物不存在完美,人更不存在十全十美。因而他们对一个人的评价,根本不会用"最"这样的字眼,也不会用"他没有缺点"这样的措辞去评价一个人。

奉承者无事生非。他们把只能用一般词语赞美的东西任意扩大。大事特夸、小事大夸、无事也要夸是这些人的特点。其中有些"佼佼者",把一个人的优点能转变成缺点,把一个人的缺点又同样能转变成优点,因而他们在领导、上级面前,时常"义正色严"诋毁别人,以为能博取领导、上级的欢心。他们在"赞美"一个人的时候,心里会说"这个人喜欢被人拍马屁,我就多拍一拍他吧",或者"他喜欢坐轿,我就抬一抬吧,总有一日要把他摔下来",因而他们在赞美一个人的时候,会自以为聪明地向旁人挤眉弄眼,以显示自己非凡的本领。

使别人快乐和讨对方喜欢是两件不同的事。使别人快乐考虑的是别人而不是自己，讨对方喜欢则刚好相反，它处处计较个人的得失。

　　赞美是一种有特色的说话艺术，能恰如其分地赞美别人，既可以增添我们的自信心，也可以提高我们说话的胆量。愿你把握分寸，真心地赞美你周围值得赞美的人。

卡耐基口才金言

奉承是从牙缝中挤出来的，而赞美是发自心灵的。

第三课

[赢得他人赞同的口才技巧]

那些说话喜欢用"我"的人是不会让人产生好感,难以得到他人赞同的。你希望别人怎么待你,你就要怎样待人,你要想别人对你感兴趣,赞同你,那么在说话中你同样要对他人表现出感兴趣的一面。

多检讨自我,从他人的立场考虑,对他人的细微举动表示积极的关心,谈论对方感兴趣的话题,都是获得对方好感和赞同的有效方法。你想要跟你接触的人赞同你,你想别人承认你的价值,就必须真诚地这样做。

说话要尽量避开"我"字

福布斯杂志上曾登过一篇"良好人际关系的一剂药方"的文章,其中有几点值得借鉴:

语言中最重要的5个字是:"我以你为荣!"

语言中最重要的4个字是:"您怎么看?"

语言中最重要的3个字是:"麻烦您!"

语言中最重要的2个字是:"谢谢!"

语言中最重要的1个字是:"你!"

那么,语言中最次要的1个字是什么呢?是"我"。

亨利·福特二世描述令人厌烦的行为时说:"一个满嘴'我'的人,一个独占'我'字,随时随地说'我'的人,是一个不受欢迎的人。"

在人际交往中,"我"字讲得太多并过分强调,会给人突出自我、标榜自我的印象,这会在对方与你之间筑起一道防线,形成障碍,影响别人对你的认同。因此,交往中与人说话,应少用"我""我们",多用"你""你们"。

有人曾经作过调查,看看人们每天最常用的是哪一个字,那就是"我"字。为什么人们对"我"字特别关心呢?就是因为大多数人都喜欢被人称赞,也喜爱称赞自己。因此,你若想得到你所希望得到的,就要避免与对方争高低,而要维护他人的自尊心。为了使对方的面子不受伤害,

第三课 [赢得他人赞同的口才技巧]

我们办事千万不要常把"我"字挂在嘴上,别说"我公司",而说"我们的公司"。

1. 少说"我"多说"你"

说话好像驾驭汽车,应随时注意交通标志,也就是要随时注意听者的态度与反应。如果红灯已经亮了仍然向前开,闯祸就是必然了。无聊的人是把拳头往自己嘴里塞的人,也是"我"字的专卖者。

人们最感兴趣的就是谈论自己的事情,而对于那些与自己毫无相关的事情,众多的人觉得索然无味,对于你含有最大兴趣的事情,常常不仅很难引起别人的同情,而且还觉得好笑。年轻的母亲会热情地对人说:"我们的宝宝会叫'妈妈'了。"她这时的心情是高兴的,可是旁人听了会和她一样地高兴吗?不一定。谁家的孩子不会叫妈妈呢?你可不要为此而大惊小怪,这是正常的事情,如果不会叫妈妈的孩子才是怪事呢。所以,你看来是充满了喜悦,别人不一定有同感,这是人之常情。

竭力忘记你自己,不要总是谈你个人的事情,你的孩子,你的生活。人人喜欢的是自己最熟知的事情,那么,在交际上你就可以明白别人的弱点,而尽量去引导别人说他自己的事情,这是使对方高兴最好的方法。你以充满同情和热诚的心去听他叙述,你一定会给对方以最佳的印象,并且对方会热情欢迎你,热情接待你。

2. 把"我的"变为"我们的"

说话时,把"我的"变为"我们的",可以巧妙地拉近双方距离,使对方更容易接受你和你的话。

如果你在说话中,不管听者的情绪或反应如何,只是一个劲地提到我如何如何,那么必然会引起对方的反感。如果改变一下,把"我的"改为"我们的",这对你并不会有任何损失,只会获得对方的好感,使你同别人的友谊进一步地加深。

我们经常看到记者这样采访:"请问我们这项工作……"或"请问我们厂……"经常发现演讲者使用"我们是否应该这样"或"让我们……"等表达方式。这样说话能使你觉得和对方的距离接近,听来和缓亲切。因为"我们"这个词,也就是要表现"你也参与其中"的意思,所以会令对方心中产生一种参与意识。

如果说"你们必须深入了解这个问题",便拉开了听众与演讲者的距离,使听众无法与你产生共鸣。倘若改为"我们最好再作更深一层的讨论"就会缩短与听众之间的距离,使气氛立刻活跃起来,达到共鸣的效果。

卡耐基口才金言

> 说话以我为中心、喜欢用"我"字开头的人是不会受人欢迎的。会说话的人,在语言传播中,总会避开"我"字,而用"我们"开头。

真诚是敲击人们的"心铃"

开口说话不是敲击铜铃,而是敲击人们的"心铃"。"心铃"是最精密的乐器。因此,智者总用真诚的态度,以真挚的情感、竭诚的话语击响人们的"心铃",刺激之、振奋之、感化之、慰藉之、激励之。

真诚就是真实诚恳。我们与人相处,追求成功,良好的目标和准则应该是为了自己、他人和社会,三者均是获益者。交际的实质是给予和索

第三课 [赢得他人赞同的口才技巧]

取。如果属于精神上的给予,没有真诚,别人就不可能得到你的给予;如果是物质上的给予,缺乏诚意,对方只能视作恩赐,可能因出于无奈,不得不接受。

真诚是说话办事的准则,虚假是社会对人性的扭曲。由于经济与社会地位的高低不同,有些人以追求名利为目的,当达到这一目的的方式在社交中表现出来时,就造成了虚假。它对被蒙骗的一方会造成较大的损害。一个把自我实现目标放在金钱与权势上的人,虚假几乎是其痼疾。一个以财与势作为社交本钱的人,是绝不会获得别人的真诚的,也绝不可能获得最终的成功。只有真诚待人,才能获得相应的回报。做人如此,说话也是如此。

杰克是一个平凡的业务员,干了十几年的推销工作后,突然对长期以来的强颜欢笑、编造假话、吹嘘商品等招揽顾客的做法感到十分厌恶。他觉得这是生活上的一种压力,为了要摆脱这种压力,他决定要对人无所欺。因此,他下定决心今后要向顾客"讲真话",即使被解雇也在所不惜。

有了这个念头之后的工作,杰克觉得心情轻松多了。

有一天,有一个顾客光顾,顾客对杰克说:"我想买一种可自由折叠、调节高度的桌子。"

于是,杰克搬来了桌子,如实地向顾客介绍道:"老实说,这种桌子不怎么好,我们常常接受退货。"

"啊!是吗?可是到处都看得见这种桌子,我看它挺实用的。"

"也许是。不过据我看,这种桌子不见得能升降自如。没错,款式新,但结构有毛病,如我向您隐瞒它的缺点,就等于是在欺骗您。"

"结构有毛病?"客人追问了一句。

"是的。它的结构过于复杂,过于精巧,结果反倒不够简便。"

说着，杰克走近桌子，用脚去蹬脚板。本来，这要像踩离合器踏板，得轻轻地踩，他却一脚狠狠地踏上去，桌面突然往上撑起，差点儿撞到了那位顾客的下巴。

"对不起，我不是故意的。"

被吓了一跳的客人反而笑了起来，脸上露出喜悦的神色。

"很好。不过，我还得仔细看看。"

"没关系，买东西不精心挑选是会吃亏的。您看这桌子用的木料，它的品质并非上乘，贴面胶合很差，坦白说，我劝您还是别买这种桌子，您到其他家具店看看，那边的东西要好得多了。"

"好极了！"

客人听完解说十分开心，也出乎意料地表示他想要买下这张桌子，并且要马上取货。

顾客一走，这位杰克受到了上司的严厉训斥，并被告知他被"炒鱿鱼"了。

正当杰克办理辞退手续准备回家时，突然来了一群人，走进这家商店，争着喊着要看多用桌，一下子就买走几十张桌子，说他们是刚才那位买桌子的客人介绍来的。

就这样，店里成交了一笔很大的买卖。

这件事惊动了经理。结果，杰克不仅没有被辞退，还被提升为主管。

杰克并没有滔滔不绝地吹嘘产品，但是却获得了成功，从某种意义上来说，他的成功在于他能为顾客着想，关怀顾客的利益，从而赢得了顾客的信赖。

真诚，不论对说话者还是对听话者来说，都非常重要。若不真诚待人，等于欺人、愚人，若轻信他人不实之词，可能会耽误大事，造成不良后果。

第三课 [赢得他人赞同的口才技巧]

卡耐基口才金言

人是有感情的动物，在做事情时，常由感性支配理性。因此，我们有必要在与别人交谈时表露出我们的真诚，以达到相互信任的效果。

勇于认错会赢得他人尊重和赞同

一个人犯了错误并不可怕，怕的是不承认错误，不改正错误。那些一犯错误就为自己辩解开脱的人，只会引起他人的反感。人们欣赏的是那些能够正确认识自己的错误，并及时改正错误以补救的人。

有一个毕业于芝加哥大学的工程师，有学识，有经验，但犯错误后总是自我辩解。他应聘到一家工厂时，工厂主对他很信赖，事事让他放手去干。结果，却发生了多次失败，每次失败都是他的错，可他都有一条或数条理由为自己辩解，说得头头是道。工厂主看到他不肯承认自己的错误，反而推脱责任，心里很恼火，只好让他卷铺盖走人。

能坦诚地面对自己的错误，再拿出足够的勇气去承认它，面对它，不仅能弥补错误所带来的不良结果，在今后的工作中更加谨慎行事，而且别人也会很痛快地原谅你的错误。

在犯了错误之后，绝对不要采取下面的行动。

1. 撒谎否认

说谎的人总说"我没做那件事"，或"不，不，那不是我干的"，或

"我不知道这是怎么一回事",还有"我发誓"等之类的话。还有一类人犯了错误后,习惯于说"噢,这没什么大不了的,情况会好起来的。"或"出错了吗?哪里出错了?"或"不要着急,事情会如你所愿的。"

2. 半途而废

这种人经常说:"我早就告诉过你那样做不管用!""这件事太难了,不值得我投入这么多的精力,还是换个简单一点的吧。""瞧,我都做了些什么啊?我不想自找麻烦了。"

如果你总是害怕向别人承认错误,那么,你不妨试试下面的办法:

(1)如果你在工作上出错,应该立即向领导汇报,这样虽有可能被大骂一顿,可是在上司的心目中你将是一个诚实的人,将来会更加信任你,你所得到的将比你失去的多。

(2)如果你的错必须向别人承认,与其找借口逃避,不如勇于认错,在别人还没有来得及把你的错到处宣扬之前,尽早对自己的行为负起责任。

(3)如果你的错误影响到其他人的工作成绩,无论他是否发现,都要主动向他道歉、承认错误,不要自我辩护、推卸责任,否则只会令对方更加恼火。

卡耐基口才金言

当我们犯了错时,如果我们对自己诚实,就要迅速而诚恳地承认。这样不但能产生惊人的效果,而且比为自己争辩好得多。

第三课 [赢得他人赞同的口才技巧]

 **坦诚检讨会提升你的形象**

人人都会犯错误,尤其是当你工作过重、精神不佳、压力太沉重时,不小心犯错是非常普通的事情。如果我们能在犯错之后正确地面对,便不算什么大事情,甚至还会提升你的形象,对你日后的交往起到很大的帮助。

一个人再聪明,再能干,也总有失败犯错误的时候,人犯了错误往往有两种态度:一种是拒不认错,找借口辩解推脱;另一种是坦诚承认错误,勇于改正,并找到解决的途径。勇于检讨自己、承认自己的错误,是一种胸襟和美德。

一位教授在社会科学的课堂上,向学生们介绍阿米西人的生活形态与风俗习惯,并播放一部影片。那是教授特地到宾州许多阿米西人聚居的城市兰开斯特所拍摄的,内容是兰开斯特的风光以及阿米西人的风俗民情。看完了精彩的影片,同学们纷纷向教授提出不少与阿米西人有关的问题。突然,有一位女同学站起来对教授说:"我觉得你不该拍这部影片,我认为你这么做,侵犯了阿米西人的人身自由。他们跟我们一样是人,难道只因为他们保持传统的生活习惯,就得被当成动物般地观赏?这样太不公平,我觉得你做错了。"

为了教学而精心制作这部影片的教授,仿佛突然被泼了一大桶冷水,当众被学生指责实在尴尬。他说:"我不认为我有什么不对,我是为了教学,才到那里拍摄影片,何况那儿原来就是观光胜地,并没有不能拍影片的限制,很多人也这么做啊。"

女学生不赞同这种说法,继续与教授争辩,气氛愈来愈僵,两人各执其词,互不相让。最后,女学生气冲冲地说:"我不听你的课了,我要走了。"

教授也说:"你走吧,我不会在乎。"

那时已近期末,眼见就要拿到学分,如果那名女同学退了这一堂课,不但得不到学分,成绩单上也会留下记录。通常只有读不下去的学生才会退修课程。接下来的一堂课没见到她,同学们都为她感到惋惜。

但是,再接下来的那堂课,她又出现了。教授走进教室时,她主动走上前向他道歉,她说:"教授,我真心地向你说声对不起。这几天我一直在检讨自己,虽然我有我的想法和信仰,但是我忽略了你对教学所付出的心力,忽略了你是尽心尽力地对教学负责任。我有不对的地方,请你原谅我。"

教授也说:"真高兴你回来了,我知道我也有错,我只顾着做自己认为该做的事,却疏忽了对别人应有的尊重与关怀。我也要感谢你,教了我宝贵的一课。"他俩握手言和,相视而笑。

有些人认为错误有失自尊,面子上过不去,便害怕承担责任,害怕惩罚。与这些想象恰恰相反,勇于承认错误,你给人的印象不但不会受到损失,反而会使人尊敬你,信任你,你在别人心目中的形象反而会高大起来。

卡耐基口才金言

> 每个人都有犯错误的可能,关键在于你认错的态度。只要你坦率承担责任,勇于开口向他人承认错误,并尽力去想办法补救,你仍然可以立于不败之地。

第三课 [赢得他人赞同的口才技巧]

说话适当暴露缺点更受人尊敬

曾经有位美国总统，在庆祝自己连任时开放白宫，与100多名小朋友亲切会谈。10岁的约翰问总统小时候哪一门功课最糟糕，是不是也挨老师的批评。总统告诉他："我的品德课不怎么好，因为我特别爱讲话，常常干扰别人学习。老师当然要经常批评的。"他的回答，使现场气氛非常活跃。

后来有一位叫玛丽的女孩，她来自芝加哥的一个贫民区。她对总统说，她每天上学都很害怕，因为她不知道会发生什么事情，害怕路上遇到坏人。此时，总统收起笑容，严肃沉重地说："我知道现在小朋友过的日子不是特别如意，因为有关毒品、枪支和绑架的问题政府处理得不理想——我希望你好好学习，将来有机会参与国家的正义事业之中。也只有我们联合起来和坏人作斗争，我们的生活才会更美好。"

这位总统的话紧紧抓住了小朋友的心，使小朋友从心里认为总统和他们是好朋友。即使场外的大人们看到这样的对话场面，也会感到总统是一个亲切的人。从心理学角度分析，这位总统展现的不仅是亲和的话语和动作，更是人际关系中"同理心"的特质。他利用这种特质，透露给小朋友他的过去和他们一样，也常被老师批评，但只要经过自己的努力，也会成长为有用的人。总统在认同小朋友对社会治安担心时，还鼓励小朋友参与正义事业，那样正义者的力量会更大。

这样的谈话使小朋友发现，总统是和他们生活在一个国家里，站在一个立场想问题的。

在总统的这个谈话中,还体现了另外一个有趣的心理现象。总统在说话时坦陈自己"小时候品德课不好,常挨老师批评",其目的不仅是拉近距离,便于沟通,同时也塑造了一种在美学上称为"缺陷美"的形象。

心理学家指出,一个接近完美的人如果敢于承认自己的人性瑕疵,他的言行将比神圣而不可高攀的人更讨人喜欢。其中的主要原因是一个过于高大的完善的人物容易使他人的内心产生一种压迫感,有时也会令人有一点自卑心理。而说话者通过坦诚自己的某个小缺点或过去的某个缺点,无形中缓解了听话者压迫感的程度。

当大人物与普通人谈话时,主动表示亲和或者采用适当的低姿态会满足普通人的自尊心理需求,这种行为当然是非常受欢迎的。

上述故事中的总统对谈话对象心理的研究以及他所采取的暴露自己缺点的方法,值得我们在生活和工作中借鉴。

卡耐基口才金言

> 说话时有意无意地暴露自己的某个小缺点,会减轻交谈的紧张气氛,让对方对你产生信任感,有利于更深入地沟通和交流。

自我贬抑往往能够反客为主

美国在费城举行宪法会议的时候,会议中分为赞成派和反对派,讨论

第三课 [赢得他人赞同的口才技巧]

相当白热化。出席者的言论都非常尖锐,甚至演变成人身攻击。

由于出席者有着人种、宗教方面的差异,利害关系相同的人自然结合在一起,致使会议充满了火药味和互不信任的气氛。

眼看会议即将决裂时,持赞成意见的富兰克林适时地出面收拾了紊乱的场面,终于促使宪法成立。

面对反对派的猛烈攻击,富兰克林不慌不忙地对他们说:"老实说,对这个宪法我也并非完全赞成。"

这句话一出,会议纷乱的情形霎时停止了,反对派人士不禁感到怀疑:富兰克林既然是赞成派,为什么不完全赞成自己所提的宪法呢?

富兰克林顿了一会儿,才继续说:"我对于自己赞成的这个宪法并没有信心,出席本会议的各位,也许对于细则还有些异议,但不瞒各位,我此时也和你们一样,对这个宪法是否正确抱有怀疑态度,我就是在这种心境下来签署宪法的。"

富兰克林的这番话,使得反对派的激动和不信任态度终于平静下来,美国的宪法终于顺利通过。

一般人要化解对方的不信任感,往往会以强硬的口气说"请你相信我的话",或者说"根本没有那回事",结果反而使对方的不信任感更加强烈。

因为,这样说就像是要将对方的不信任全面否定,只保留自己单方面的主张,实际是一种正面的攻击,这样做是不会产生任何效果的。

对于一件事情,如果光是强调好的一面,那么对方对于你所说的话,就会存有不信任的潜在心理。

如果为了让对方相信自己,消除他的不信任感,而一再强调自己的优点,这样反而缺乏说服力。还不如利用人类潜在心理的"别扭心态",来取得对方的信任。

例如,你可以先给对方一些不利于自己的消息,使对方觉得你"还蛮老实的",这样一来,他就会产生想听你继续说话的意愿,你便可以附带地为自己说些好话,在不知不觉中,对方就会顺利地接受你的诱导。

富兰克林就是利用了这个技巧,先说一些对自己不利的话,使对方反而产生了信任感。

趾高气扬,高谈阔论,容易引起人们的反感,以致其筑起防范的城墙,从而导致自己的被动。倒不如把姿态放低一些,说些自贬的话,反而会峰回路转、柳暗花明,使交谈顺利地进行下去。

卡耐基口才金言

人的心理往往不可思议,当你自夸自己的主张,别人会产生怀疑心理,而当你自贬一下,说说自己的不当时,别人却可能对你投以同情心。

激起对方某种迫切的需要

有一年夏天,我去梅恩钓鱼。就我自己来说,我喜欢吃杨梅和奶油,可是我看出由于若干特殊的理由,水里的鱼爱吃小虫。所以当我去钓鱼的时候,我不想我所要的,而想它们所需要的。我不以杨梅或奶油作引子,钓鱼钩扣上一条小虫或是一只蚱蜢,放下水里,向鱼儿说:"你要吃那个吗?"

你为什么不用同样的常识,去"钓"一个人呢?

第三课 [赢得他人赞同的口才技巧]

有人问路依特·乔琪,如何能在别的战时领袖们都退休不闻事后,还身居权位?他作这样的回答:如果他官居高位,可以归功于一件事的话,那就是由于他已知道钓鱼时,必须放对了鱼饵的那件事。

为什么我们只谈自己所要的呢?那是孩子气的,不近情理的。当然,你注意你的需要,你永远在注意,但别人对你却漠不关心。要知道,其他的人都像你一样,他们关心的只是他们自己。

所以,你要别人替你做些什么时,你要把这句话记住。例如,你不愿意你的孩子吸烟,你不需要教训他,只需告诉他,吸烟可能使他不能参加棒球队,或是不能在百码竞赛中获得胜利。

不论你是应付孩子或是一头小牛、一只猿猴,这是值得你所注意的一件事。

例如:有一次,爱默生和他的儿子,要使一头小牛进入牛棚,他们犯了一般人常犯的错误,只想到自己所需要的,没有想到小牛所需要的,爱默生只会推,他的儿子只会拉。而那头小牛正跟他们一样,也只想它自己所想要的,所以挺起它的腿,坚持拒绝离开那块草地。

旁边那个爱尔兰女佣人,看到他们这情形,她虽然不会写书做文章,可是至少在这次,她懂得牛马牲口的感受和习性,她想到了这头小牛所需要的是什么。这个女佣人一面把她的拇指放进小牛的嘴里,让小牛吮吸她的拇指,一面温和地引它进入牛棚。

从你来到世界上这一天开始,你所有的举动,出发点都是为了你自己,都是因为你需要些什么。

比如,你捐给红十字会100元,是因为你要行一桩善举,因为你要做一件神圣的事。可是,或许是你因为不好意思拒绝,所以才捐助的。或许是因为一位主顾,请你捐款之故。但有一件事是确定的,你捐款,是因为你内心有些什么想法。

欧弗斯·屈脱教授，在他一部"影响人类行为"的书中说："行动是由我们的基本欲望所产生的……对于未来想要说服人家的人，最好的建议，是无论在商业中、家庭中、学校中、政治中，都要先激起对方某种迫切的需要，若能做到这点就可左右逢源，否则到处碰壁。"

卡耐基口才金言

> 世界上唯一能影响对方的方法，就是谈论他所要的，而且还告诉他，如何才能得到它。

一旦争论就要开始沸腾了

安德鲁·卡内基早年是个贫苦的苏格兰儿童，当时他工作的酬劳，每小时只有两美分，可是后来他布施给人家的钱，有36 500万美元。他早年就已知道了影响人的唯一方法，就是以对方需要的来讲。他只受过4年的学校教育，可是他学会了如何应付人。

安德鲁·卡内基有过一件启发人的事：他嫂嫂为她两个儿子忧急成病，这两个孩子在耶鲁大学念书，可能由于他们自己事情很忙，而把家信给疏忽了，却没有想到家里忧急挂念的母亲。

安德鲁·卡内基知道这件事后，他给两个侄儿写了封闲谈的信。他在信后附上一句，说是给他们每人寄上5美元钞票一张。

可是，他并没有把钱装入信封。

第三课 [赢得他人赞同的口才技巧]

很快回信来了，两个侄儿谢谢他们的叔父，而他们也在信中带上这样一句"钱没有收到"。

明天你要劝说某人去做某件事，在你尚未开口前，不妨自己先问："我如何能使他要做这件事？"那问题可以阻止我们，在匆忙不小心之下去见人和毫无结果的谈论我们的欲望。

我租用纽约一家饭店里的大舞厅，每一季需要20个晚上，是为举行一项演讲研究会。

在有一季开始的时候，我突然接到那家饭店的通知，要我付3倍于过去的租金。可是我接到这项消息时，通告已经公布，入场券已经印发。

我自然不愿意付出增加的租金，可是，和饭店谈到我所要的有什么用呢？他们所注意的只是他们所需要的，所以过了两天，我去见那家大饭店的经理。

我向那位经理说："我接到你的信时，感到有点惶恐，当然我不会怪你，如果我们易地而处，我也会写出这样类似的信。你做经理的职责，是如何使这家饭店盈利。若是你不这样做，你就会被撤去这个职务，而且也应该会被革职。现在我们拿出一张纸来，写上有关你的利和害……如果你是坚持要加租的话。"

我拿了一张纸，经过纸上的中心点，画出一条线，上端写上"利"，另一端是"害"。

我在"利"的那一行写着："舞厅空着"几个字，然后接着说："你可以自由的出租舞厅，作跳舞诸类聚会之用，那是一项很大的收入。像那种情形，显然你的收入，要比租给一个以演讲集会用的收入更多。如果我在这一季中，占用了你舞厅20个晚上，你一定会失去那些有更多盈利的收入。"

我又说："现在我们来谈谈另一方面……由于我无法接受你的要

求,减少了你的收入。在我来讲,因为我不能付出你所需要的租金,不得已只有在别处举行演讲。可是,另外有一项事实,我相信你该想到的。我这个演讲研究会,使上层社会知识分子们,到你这家饭店来,对你来讲,是不是做了一次极成功的广告?事实上,如果你付出5 000美元的广告费,不会有我研究会演讲班里的那么多人来你这家饭店,对你来说更有价值,是不是?"

我说这话时,把这两种情形写在纸上,然后把那张纸交给了经理,又说:"这两种情形,希望你仔细考虑一下,当你作最后决定时,给我一个通知。"

第二天,我接到那家饭店一封信,告诉我租金加50%,而不是300%。请注意,我没有说出,有关我要减少租金的只言片语。我所说的,都是对方所要的和他该如何得到它。

如果我按照一般人的做法,闯进这位饭店经理的办公室,跟他争辩、理论。我可以这样说:"我入场券已经印好,通知已经公布,你突然增加我3倍的租金,那是什么意思?300%,太可笑了……不近情理,我不付!"

在这种情形下,又会如何呢?争论、辩论就要开始了!结果又如何呢?即使我所指的情形,这位饭店经理相信自己是错误的,可是由于他的自尊,会使他感到承认他自己的错误很困难。

卡耐基口才金言

争辩的结果不会赢得他人的赞同,更不能解决问题,只能使事情变得糟糕。如果你换个方式,站在对方的立场说话,会出现意想不到的效果,对方的意见会向你这边倾斜。

第三课 [赢得他人赞同的口才技巧]

争论永远得不到对方的好感

一位所得税顾问为了一笔不该收所得税的款子和税务稽核整整争论了一个小时,那位税务稽核既傲慢又顽固。顾问决定不再同他论理,改变了另一个话题。顾问说:"比起其他要你处理的重要的事情来,这件事实在不足挂齿。我也研究过税务问题,但那是书本上的死知识,你的知识却是从实践中来的。有时,我也真想有份像你这样的工作。"这下,税务稽核在椅子上伸直了身子,开始和顾问谈起他的工作,态度慢慢地友善起来。3天后,顾问收到了他的电话,说是那笔所得税决定不征了。

这位税务稽核要的是一种重要人物的感觉。顾问越和他争论,他越要强调职务上的权威。一旦承认了他的权威,争论自然偃旗息鼓了,而他也同样变成了一位有宽容态度和同情心的人。

林肯有一次斥责一位和同事发生激烈争吵的青年军官。他说:"任何决心想有所作为的人,绝不肯在私人争执上耗费时间。在跟别人争论正误参半的问题上,你要多一点让步;如果你确实是对的,就少一点让步。总之,不能失去自制。与其跟狗争道,被它咬一口,不如让它先走。就算宰了它,也治不好你的咬伤。"

在多数情况下,同事间争论的结果只会使双方比以前更相信自己是绝对正确的,你赢不了争论。要是输了,当然你就输了;如果你赢了,还是输了。为什么?如果你的胜利,使同事的论点被攻击得千疮百孔,证明他一无是处，那又怎样？你会觉得洋洋自得。但他呢？你伤了他的自尊，他会怨恨你的胜利，即使口服，心里也不服。最糟糕的是，转过身来，你们还要不得不在同一个屋檐下共事。

正如睿智的本杰明·富兰克林所说的："如果你老是争辩、反驳，也许偶尔能获胜；但那是空洞的胜利，因为你永远得不到对方的好感。"因此，你自己要衡量一下：你宁愿要那样一种字面上的、表面上的胜利，还是别人对你的好感？

如果一个人的心里对你已经满怀恶意和冲突，你搬出各家各派的逻辑学，也没法使他信服。挑剔的父母，盛气凌人的上司和丈夫，以及唠叨的太太们都要了解，人们不喜欢改变自己的看法，他们不可能被强迫或被威胁而同意你我的观点，但他们会愿意接受我们和蔼而友善的开导。

仁厚、友善及称赞比任何争吵更易改变别人的心意。因此，我们在做任何事情时，都要从友善开始，谨慎地与别人发生直接的争论，这将使你的处世艺术进一步提高。关键是怎么样让步，让步到哪一种程度才不至于难堪，让你觉得还可以让对方接受。

提出问题者就要对这个问题通盘考虑。比如，要求长工资的人首先就要确定自己让步的最大可能性是什么？如果愿意留下来该怎样让步？如果不愿留下来又该怎样让步？这些都要设计好。

另外需要考虑的是，当你提出这些要求之后，要想到领导也会对你提些要求。比如说，既然你要长工资，那他就要你承担更多的责任，在原先的工作范围之内要你增加工作效率。当然你不希望这样，而只是希望在原来的基础之上增加工资，甚至比原来做更少的工作而增加工资。但这肯定是不现实的。既然给你加薪就必须确有价值。如果出现这种情况，你的让步也会有所不同。

每个人都希望付出最少的代价获得最大限度的回报，这是理想主义行

第三课 [赢得他人赞同的口才技巧]

为,现实生活中这两者协调得很好的例子实在少见,往往是付出了,未见得有回报。做好让步的准备,在条件相当的时候不必再犹豫,把全副身心都投入工作中去,创造更好的条件,作出更大的贡献,等待下一次机会的来临。这才不失为明智的做法。

卡耐基口才金言

> 争辩了半天,除了造成彼此间的闷闷不快,还有什么更好的结果呢?争辩是浪费时间。你可以实现你的主张,你可以左右别人的计划,但不是用争辩的方法来获取。

由他的观点设想,同你的观点一样

关于人与人之间,建立关系的艺术,这里有一个很好的建议。亨利·福特曾这样说过:"如果有一个成功秘诀的话,那就是如何得到对方立场的能力。由他的观点设想,正同由你的观点一样。"

是的,我把福特的话,再重说一遍:"如果有一个成功秘诀的话,那就是如何得到对方'立场'的能力。由他的观点设想,正同由你自己的观点一样。"那是这样的简单,这样的明显,任何人都容易找出其中的原理来。可是,世界上90%的人,在90%的时候,都把这件事疏忽了。

可以举出一些例子来说明吗?看看明天早上你桌上的来信吧!你可以看出有很多的人,违反了这种常识的规则。就拿下面这封信来说,那是一家全国各地都有分公司，极具规模的广告公司里的一位无线电部主任，写给全国各无线电台负责人的信。（我在这括号中的注明，是对每一节文句中的见解、反应。）

"强·白来克先生，

白来克维尔，

印地安纳

亲爱的白来克先生：

本公司希望在无线电界，能保持广告业务的领袖地位。"

（谁关心你公司的希望？我正为着自己的多种问题在烦恼呢！银行要取消我房产抵押的取赎权……害虫正在损害我的花草……昨天交易市场混乱……早晨我误了8：15的火车……昨晚强斯家里舞会没有请我……医生说我有高血压、神经炎的毛病……）

"本公司全国广告的客户，是初步营业网的保障，我们以后所需要的电台时间，已保持我们每年在各家公司之上。"

（你自大，炫耀有钱，一切都遥遥领先，对不对？那又怎么样？如果你像全国汽车公司、全国电气公司、美国陆军总部合起来那么大，我也不去理会的。如果你自己也只是一知半解，那你就该知道，我只关心我是如何"大"，而不是你如何"大"。）

"我们希望以无线电台最近的消息，服务我们的客户。"

（"你"希望！"你"希望！你这头蠢驴。我不是注意"你"所希望的，或是墨索里尼所希望的，或是平克劳斯贝所希望的，我干脆告诉你，我只注意"我"所希望的……在你这封不近情理的信中，就没有提到这样的字。）

"所以你且将本公司，列入优先名单。"

（"优先名单"，你替你公司自吹自擂，使我感到自己那么渺小。你要我将你列入优先名单，你需要的时候，连"请"字也不说。）

第三课 [赢得他人赞同的口才技巧]

"即予复函,供给我们你们最近的活动,以彼此有益。"

(你这个笨蛋,你寄了一封普通的油印信给我,是一封分发各地的通知信——那就像秋天的落叶那么多。你要我在血压太高的时候,坐下来单独写封信,回答你那封油印格式的信,而且还要我给你"即予复函"。"即予"是什么意思?难道你不知道,我也跟你一样忙。我问你,谁交给你这样一个"权力"来吩咐我的?你说"彼此有益",最后你才开始提到我的立场,可是又如何对我有益,你却模糊不清,没有详细说明。)

"再启者,随信附上白来克维尔报复印本,如果你愿意在电台广播的话,可供参考。"

(在你这一则附文中,提到了可以帮助我解决一项问题的事,为什么不用这些,作为你这封信的开端?可是,那又有什么用?任何广告公司的人,犯了像你寄来这封信中那种愚蠢的毛病,脑神经一定不正常。)

如果有个一生致力于广告事业的人,他自以为有影响他人的力量,可是写出那样的一封信来,我们如何能给他更高的评价呢?

这里有另外一封信,那是一位极有规模的货运站总监,写给我研究会讲习班里一个学员"夫姆雷"先生的。这封信对一个收到信的人来讲,会有什么影响呢?先看过这封信后,我再告诉你。

"首雷格公司,

前街28号,

白洛克林,纽约

致,爱德华·夫姆雷先生执事:

敝处外运收货工作,由于大部分交运货物的客户,都在傍晚时分把货送到,使敝处感到极大困扰。因为这样,会引起货运停滞,使我们员工延迟工作时间,影响卡车运送效率,而形成了交货缓慢的结果。

11月10日,我们收到贵公司交运的货物510件,送达时间是在下午4:20。

为了减少货物迟交所发生的不良影响，我们希望获得贵公司充分的合作。以后如交运大批货物时，是否可以尽量提早时间送来，或于上午送来一部分？

该项措施有益于贵公司业务，使你们载货卡车可以迅速驶回，同时敝处保证，收到你们货物后立即发出。

总监某某敬启"

首雷格公司推销主任夫姆雷先生，看过这封信后，写上下面的见解，交来给我：

"这封信所产生的效果，正与对方的原意相反。信的开端，说出对方货运站的困难，一般来讲这不是我们所注意的。接着对方要求我们合作，可是他们丝毫没有想到，是否对我们有所不便？信上结尾一段，提到如果我们合作，可以使卡车迅速驶回，且保证我们的货物可以在收到之日立即发出。

"换句话说，我们所最注意的事，在最后才提到，使整个效果起了相反的作用，而不是合作的精神。"

现在我们看看这封信是否能加以改善而重写，我们不需要浪费时间谈我们的问题，就像亨利·福特曾经说过的让我们"得到对方的立场，由对方的观点来看事物，正同由我们的观点一样。"

这里是一种修改的方法，也许不是最好，但是不是能改善过来呢？

"首雷格公司转交夫姆雷先生，

前街28号，

白洛克林，纽约

亲爱的夫姆雷先生：

14年来，贵公司一直是我们欢迎的好主顾。当然，对你们的照顾，我们表示非常感激，并且极愿意提供你们更迅速有效的服务。可是，我们感到非常抱歉的需要谈到一件事，那是当贵公司的卡车，像11月10日那种情

第三课 [赢得他人赞同的口才技巧]

形,在傍晚时候才交下大批货物,这种服务就不可能了!

那是什么原因呢?因为很多其他的客户也在傍晚时候交货,自然就会发生停滞的现象。至于贵公司运货卡车,有时也难免在码头受阻,而使你们货运延迟下来。

这情形不好,非常不好,可是又如何避免呢?

那就是如果可能的话,请贵公司在上午时分,把货物交送到码头。这办法使贵公司运货卡车,可以迅速的继续流动;你们交运的货物,我们可以立即处理,而敝处的员工,每晚可以提早回家,品尝贵公司出品的鲜美面食。看过这封信后,请勿介意,并非敝处向贵公司建议改善业务方针,这封信的目的,是使敝处对贵公司有更为有效的服务。

贵公司货物无论何时到达,我们仍愿竭力迅速的替你们服务。

你处理业务很忙,请不必费神赐复!

某某敬启"

卡耐基口才金言

> 愚者总是习惯以自己的观点与人交谈,智者则喜欢用他人的观点来交谈。

站在对方的立场说话论事

今天成千上万的推销员,疲倦,沮丧,酬劳不足,徘徊在路上,那是什么原因？由于他们永远只替他们所需要的打算、着想，而没有注意到，他们所推销的是不是我们所需要的东西。

如果我们要买我们需要的东西，会自己出去买，原因是我们所注意的，是如何解决自己的问题。假如有个推销员，他的服务和货物确实能够帮助我们解决一个问题，他不必喋喋不休地向我们推销，我们就会买他的东西。顾客喜欢觉得是自己主动买的，而不是由于推销才买的。

但有很多人，花去一生的光阴在销售，却不站在买主的立场论事。

现在有这样一个例子，我住在大纽约中心的"林邱"住宅区。有一天，我正走向车站去的时候，碰巧遇到一个经营房地产的代理人，他在长岛一带买卖房地产，已有很多年了。他对我住的那个"林邱"住宅区很熟悉，所以我问他，我住的那种房子是用什么材料建造的。他回答我不知道，然后说了些我所知道的事情，关于我问他的问题，他说可以去问我那住宅区的询问机构。

第二天早晨，我接到他一封信，心里想他是要把我想知道的事告诉我？那不需要写信，花60秒钟时间挂个电话给我就行了。但他没有这样做，还是叫我去问那个询问机构，最后却是要我帮他办理我的保险业务。

他并没有注意到如何帮助我，他只是注意帮助他自己。

我该给他两本欧文·杨著的小册子，《去赐予》和《幸运的分享》。他如果看了那两本书，而又能履行书中的哲学，相信他的收获有超过千倍办理我保险的利益收入。

那些专业的人往往也犯有这种同样的错误。那是数年前的事，我去费城一位著名的喉鼻医生的诊疗室。这位医生在还没有看我喉间扁桃腺前，问我职业是什么。他不去注意我扁桃腺的大小，而注意我钱袋的大小。他所关心的，不是帮助我、替我解决一个问题，最使他关心的，是能从我钱

第三课 [赢得他人赞同的口才技巧]

袋里得到多少钱。结果,他什么也没有得到……我轻视他人格的欠缺,放弃了请他诊断的打算,就走出他的诊疗室。

世界上就充满了这些人:攫取、自私。可是那些不可多得的、不自私的、服务他人的人,却相反地获得了很大的利益。欧文·杨曾经这样说过:"一个人能置身于他人境地,能了解他人的意念活动,他不必考虑到将来的前途如何。"

卡耐基口才金言

要想赢得他人赞同,你需要掌握一件口才本领——永远站在别人的立场上去说话、打算、设想,并从对方的观点去观察事情的趋向。

如果我是你的话,我会……

想让别人相信你是对的,赞同你的观点,并按照你的意见行事,那需要人们喜欢你,否则你就无法获得成功,可如果你不能设身处地站在别人的角度,找到别人的兴奋点、热点,又怎么可能成功呢?

有家电视台,每周设有一次关于人生问题讲座的节目,据说收视率要比其他同时段的节目高出许多。收视率之所以高,当然有许多原因,但其中或许有人们都喜爱观看他人遭遇不幸的残酷心理。不过,最主要的还是因为节目中巧妙的对话,使人百看不厌。

大多数有疑难问题而上电视请教的观众朋友,在开始时,多会对解答者所作的各种忠告提出反对意见或辩解，并且显得十分不情愿接受对方所言。但久而久之，不觉对解答者所说的每一句话都会频频点头称是。见了这些画面，真是比起在电影院中观赏一部电影的感受还要深。

凡电视台的主持人或问答者，无不是精挑细选才产生出来的，所以光是听听他们的说服方式也获益不少。

要想赢得他人赞同，最好的办法就是要使对方认为你也与他是站在同一立场上。通常出现在探讨有关人生问题的电视节目的观众朋友，离婚女子占多数。此时，负责解答疑难者说的一句话是："如果我是你的话，我会原谅他的，而且绝不与他分手。"

千万别认为话中的"如果我是你"只是短短的单纯的一句话而已，殊不知它能发挥的效力是不可限量的。而这也就是由于人人都有认为"自己是最可爱"的心理所致。

如果你在与别人商讨的过程中，无意中使用了一些不太得当的言词，但由于你巧妙地运用这句"如果我是你"，从而弥补了你言词上的过失，不仅如此，它还能促使对方作自我反省，使对方终于感觉到唯有你的忠言，才是对他自己最有利的。

汽车大王福特说过一句话：假如有什么成功秘诀的话，就是设身处地地替别人着想，了解别人的态度和观点。因为这样不但能得到你与对方的沟通和理解，而且更为清楚地了解了对方的思想轨迹及其中的"要害点"，从而做到有的放矢，击中"要害"。

卡耐基口才金言

要想他人信任你，赞同的观点，最好的办法就是要使对方认为你所说的话是替他考虑，是与他站在同一立场上。

第三课 [赢得他人赞同的口才技巧]

人皆对自己的经历怀着莫大的兴趣

人人皆对自己的经历和所做的事情怀着莫大的兴趣,人们最高兴的也莫过于对他人谈论这些事情。但过分地谈论这些,会使听者失去兴趣。

比如,有的人做了一个十分有趣的梦,觉得是亲临其境,其乐无穷,结果逢人便说,令人不厌其烦。另外,有的人则喜欢喋喋不休地对人说一些自己以前的经历:上中学时怎样,上大学时怎样,刚参加工作时怎样,后来又怎样,等等。

但是我们若仔细想一想,自己有兴趣的事情,别人也像我们一样有兴趣吗?那些断续破碎、稀奇古怪的梦境,除了做梦者本人,别人听来是非常沉闷的。如果听者对说话者提到的那些往事、那些人、那些地方一点也不熟悉,一点也不觉有趣,无疑他也不会与说话者产生共鸣。

凡此种种,不外乎证明人们对自己所经历的事情感兴趣,而对与自己毫无关系的事情觉得索然无味。所以,我们在与他人交谈时,应把握听者的这一心理。

每个人都会做梦,他对别人那种无关大局的梦不会感兴趣;每个人也都有自己的经历,他对别人那种平淡无奇、与己无关的经历也不会关心。

这一事实告诉我们,在与人交谈中,尽量少谈一些人家不感兴趣的事,不要喋喋不休地谈论自己的生活、孩子、事业等,除非对方在特殊情形下的确感兴趣的时候,否则,还是以谈别的话题为佳。

同时，既然我们知道每个人最喜欢的是自己熟知的事情，那么在交谈中便可以尽量逗引别人去说他自己的事情。这是使对方高兴的最好的方法。如果我们充满了同情和热忱去听他津津有味的叙述，一定可给对方较佳的印象。

> **卡耐基口才金言**
>
> 要想多交朋友，要想在交际上取得成功，自己就应该少说别人不感兴趣的话，不要只讲自己、表现自己，而是应该耐心地去听取别人的说话。

为对方送上"一顿美味大餐"

每个人都有自己感兴趣的事物或话题，我们不妨找到他人的兴趣点，积极主动地为他人送上"一顿美味大餐"，这样做比漫无目的地乱说要强100倍。

美国著名的柯达公司创始人伊斯曼，捐赠巨款在罗彻斯特建造一座音乐堂、一座纪念馆和一座戏院。为承接这批建筑物内的坐椅，许多制造商展开了激烈的竞争。但是，找伊斯曼谈生意的商人无不乘兴而来，败兴而归，一无所获。正是在这样的情况下，"优美座位公司"的经理亚当森，前来会见伊斯曼，希望能够得到这笔价值9万美元的生意。

伊斯曼的秘书在引见亚当森前，就对亚当森说："我知道你急于想

第三课 [赢得他人赞同的口才技巧]

得到这批订货,但我现在可以告诉你,如果你占用了伊斯曼先生5分钟以上的时间,你就完了。他是一个很严厉的大忙人,所以你进去后要快快地讲。"亚当森微笑着点头称是。

亚当森被引进伊斯曼的办公室后,看见伊斯曼正埋头于桌上的一堆文件,于是静静地站在那里仔细地打量起这间办公室来。

过了一会儿,伊斯曼抬起头来,发现了亚当森,便问道:"先生有何见教?"

秘书把亚当森作了简单的介绍后,便退了出去。这时,亚当森没有谈生意,而是说:"伊斯曼先生,在我等你的时候,我仔细地观察了你这间办公室。我本人长期从事室内的木工装修,但从来没见过装修得这么精致的办公室。"

伊期曼回答说:"哎呀!你提醒了我差不多忘记了的事情。这间办公室是我亲自设计的,当初刚建好的时候,我喜欢极了。但是后来一忙,一连几个星期我都没有机会仔细欣赏一下这个房间。"

亚当森走到墙边,用手在木板上一擦,说:"我想这是英国橡木,是不是?意大利的橡木质地不是这样的。"

"是的,"伊斯曼高兴地站起身来回答说,"那是从英国进口的橡木,是我的一位专门研究室内橡木的朋友专程去英国为我订的货。"

伊斯曼心情极好,便带着亚当森仔细地参观起办公室来了。

他把办公室内所有的装饰一件件向亚当森作介绍,从木质谈到比例,又从比例扯到颜色,从手艺谈到价格,然后又详细介绍了他设计的经过。

此时,亚当森微笑着聆听,饶有兴致。他看到伊斯曼谈兴正浓,便好奇地询问起他的经历。伊斯曼便向他讲述了自己苦难的青少年时代的生活,母子俩如何在贫困中挣扎的情景,自己发明柯达相机的经过，以及自己打算为社会所作的巨额的捐赠。亚当森由衷地赞扬他的功德心。

本来秘书警告过亚当森，谈话不要超过5分钟。结果，亚当森和伊斯曼谈了一个小时又一个小时，一直谈到中午。

最后，伊斯曼对亚当森说："上次我在日本买了几张椅子，放在我家的走廊里，由于日晒，都脱了漆。昨天我上街买了油漆，打算由我自己把它们重新油漆好。你有兴趣看看我的油漆表演吗？好了，到我家里和我一起吃午饭，再看看我的手艺。"

午饭以后，伊斯曼便动手，把椅子一一漆好，并深感自豪。直到亚当森告别的时候，两人都未谈及生意。最后，亚当森不但得到了大批的订单，而且和伊斯曼结下了终身的友谊。

为什么伊斯曼把这笔大生意给了亚当森，而没给别人？这与亚当森的口才很有关系。如果他一进办公室就谈生意，十有八九要被赶出来。亚当森成功的诀窍，就在于他了解谈判对象。他从伊斯曼的办公室入手，巧妙地赞扬了伊斯曼的成就，谈得更多的是伊斯曼的得意之事，这样就使伊斯曼的自尊心得到了极大的满足，把他视为知己。这笔生意当然非亚当森莫属了。

无论是与朋友还是客户交谈，多谈一谈对方的得意之事，这样容易赢得对方的认同。如果恰到好处，他肯定会高兴，并对你心存好感。

卡耐基口才金言

假若你的一个话题使对方产生了浓厚的兴趣，那么无论他是一个如何沉默的人，他都会发表一些言论的。因此你在谈话的停滞之中，一定要想法寻找并且不断地激起对方的兴趣，使谈话能够一直持续地下去。

第三课 [赢得他人赞同的口才技巧]

多谈论他人感兴趣的事情

研究会训练班中有一位学生,忧虑他的孩子,原因是这孩子体重很轻,不肯乖乖地吃东西。孩子的父母常常责骂他。

这孩子会注意这些责备的话吗?他不会注意这些,也就像你不会去注意那些跟你漠不相关的一次盛宴一样。

有一个没有一点常识的父亲,他希望一个3岁的孩子,能对30岁父亲的见解,有所反应。可是这个父亲最后觉察出来,那是不合情理的。所以他对自己说:"那孩子需要的是什么?我如何将我所需要的,和他所需要的联结起来?"

他开始想到这点,问题就容易解决了。他孩子强尼有一辆三轮脚踏车,强尼喜欢在屋前人行道上踩着这辆三轮车玩。间隔他们几家的一个邻居家里,有个"很坏"的大孩子,他常把强尼推下三轮车,自己骑上。

强尼哭着跑回来,告诉自己母亲,他母亲出来,就把那"很坏"的大孩子推下三轮车,再让强尼坐上车子,像这样的情形,每天都发生。

强尼所需要的是什么?这问题不需要作深奥的探索。他的自尊,他求得尊重的欲望这都是他本性中最强烈的情绪驱使他想报复、痛击这"很坏"的大孩子!

如果他父亲这样告诉他,只要吃母亲要他吃的东西,他就会快快长大,将来可以把这个"很坏"的大孩子一拳打倒。现在强尼什么都爱吃了，菠菜、白菜、咸鱼和任何其他食物。他希望自己快快长大，去打那个一再欺侮他的"暴徒"。

当那问题解决后，又有另外一个问题，困扰了这位父亲很久，就是强尼有"遗尿"的坏习惯。

强尼跟他祖母睡一起，祖母早晨醒来，摸摸床单，向强尼说："你看，强尼，昨夜你又干了些什么？"

强尼总是这样回答："不，没有，我没有弄湿床，那是你弄湿的。"

父母打他，骂他，羞他，他母亲无数次地告诉他，要他别那样，可是强尼没有改过他这个弄湿床的坏习惯。所以强尼的父母自问："如何让强尼这孩子改过遗尿、弄湿床的坏习惯？"

强尼他所要的是什么？第一，他要穿像父亲一样的睡衣，而不愿意穿像祖母那样的睡袍。祖母已受够了他夜晚的打扰，使她每夜不能舒服地入睡，所以强尼如果改去他那种坏习惯，她乐意替他买套睡衣。第二，他要一张属于他自己的床——祖母对这件事也不反对。

母亲带了强尼去一家百货公司，以目示意柜台女售货员说：这位小绅士要买些东西！

女售货员问："年轻人，你要买些什么？"

强尼提起脚跟，站高了些，说："我要替我自己买张床。"

当强尼看到他母亲喜欢他买的床时，强尼母亲向女售货员又使了个眼色，女售货员就向强尼说出那张床的可爱和实用，这张床就买了下来。

床送到的当天晚上，父亲回家的时候，强尼奔到门口，大声地叫着说："爸爸，爸爸，快上楼来看，我自己买的床！"

父亲看到那张床，对强尼点头赞许。

他问儿子："强尼，你不会再弄湿这张床了，是不是？"

"噢，不，不，"强尼连连摇头说："我不会再弄湿这张床的。"由

第三课 [赢得他人赞同的口才技巧]

于他自尊心的关系,这孩子遵守了自己的诺言……强尼再也不"遗尿"弄湿床了。因为那是他的床——他自己买的。现在强尼穿起睡衣,就像个小"大人"一样,他要做个"大人",他做到了。

另外有个父亲,叫特许门,是一位电话工程师,也是我训练班里的学员。他所遭遇到的困扰,是他3岁的女儿不肯吃早餐。他经常对这小女孩的责骂、请求或是哄骗,都无法收到效果。

这小女孩喜欢模仿她的母亲,似乎觉得自己已长大了。所以有一天早晨,他们把她放在一张椅子上,让她做早餐——眼前的情形,正是这小女孩心理上的需要。当她正在做早餐时,父亲走进厨房来。小女孩看到父亲进来,就说:"嗨,爸爸,你看——我在做早餐呢!"

就在那天早晨,小女孩没有任何人的哄骗、诱劝,乖乖地吃了两大碗。做早餐的时候,她找到了表现自己的机会。

威立姆·温德说过:"表现自己,那是人性最主要的需要。"

可是,为什么我们在与人沟通时,不利用这种同样的心理学呢?

卡耐基口才金言

人们总是喜欢他人谈论自己感兴趣的事情。多谈论对方的兴趣爱好,当你再开口向人提要求时,就会容易赢得他人的赞同和支持。

第四课

[成功说服他人的口才策略]

说服是我们一项随时遇到的事务，或是你去说服下级执行任务，或是你去说服客户购买产品，或是你去说服朋友替你代劳。说服力是口才艺术的一大技能，一个口才出众的人也必定是一个说服力强的人。

要有效地说服他人，不全在于你能否准确、流畅地表达自己的思想，而且还在于你所表达的思想、信息能否为对方所接受并产生共鸣。因此，说服的关键在于你说的话能否拨动对方的心弦，能否与对方建立起心灵上的交流。

说服之前先透彻地了解别人

在我们的周围,经常会看到有些人就某一事情在说服别人的时候语无伦次,喋喋不休地讲个没完,但被说服的对象却一头雾水,不明其所以然。词不达意和过多的言辞,不但不能说服对方,反而会令对方更加厌烦。

也有一些人能够围绕一个主题旁征博引,以小见大,以浅喻深,虽口若悬河,但言辞中既照顾到说服对象的特殊地位和心理,顾全面子,又能让对方快速理解自己的意图,有效地打消其逆反心理,通过自己有条理、层次分明的语言,令倾听者心服口服。

"说服"是一门让人们认同你的观点、展示你个人魅力的影响艺术。具有说服能力的人大多是善于洞察他人心理的人,他们总是表现出信心十足、精力充沛的面貌。他们不但能把握自己的情绪,也能把握他人的情绪,从而使自己始终处于主动地位。

我们要说服别人,必须首先透彻地了解别人的意见,看他们是怎样想的,有了怎样的感觉,了解他们怎样看事情。

我们对别人的思想、感觉、看法了解得越清楚,我们的说服力就越强。我们对别人的想法,了解得越多,我们言语的说服力也就越大。

摸熟了通向各种人物内心的道路后,才能够逐渐清除他们内心的忧虑,解答他们内心的怀疑,并且把那些和你不同的或相反的意见推倒移开。

有许多口才很好的人,往往用自己的唇枪舌剑把对方口头上所说的意见驳倒后，就以为自己说服了别人，但却不知道别人心里还藏着什么疑难未解之处。这样的说服，只是口头上的说服，心里并没有服。别人口服心不服，就不能算是说服。别人对你的话没有心服，就不会按照你的话去做。所以我们应该经常关心他们的生活，和他们接近，倾听他们的谈话，注意他们各方面的表现，研究分析他们的行为动机和他们的心理活动规律。这些，正是我们说服别人的准备工作。

卡耐基口才金言

若是想提高自己说服别人的能力，必须把关心别人、了解别人当作一种需要经常努力的工作。

探探他的心有多深

纽约一位著名的谈判专家，他的邻居是一位医生，这名医生的房屋由于遭到了台风的袭击而受到了一些破坏。房子是在保险公司投过保的，医生准备向保险公司索赔，请这名专家来帮忙。医生给保险公司打电话，保险公司的理赔调查员很快来到了他的家里。他先主动向谈判专家打招呼："你好，先生，很荣幸在这里见到你。"谈判专家听了这样的问候，立刻明白了对方心里的感受，他也热情回应对方："你好，见到你很高兴。"

接着，理赔员单刀直入了，"先生我知道像你这样的交涉专家都是权威，但在今天的赔偿上，恐怕我们不能够赔得太多，请问您，如果我只想赔给你100美元，您觉得怎么样？是不是嫌太少了？"凭借多年的经验，再加上从对方口里听出来的语气，谈判专家判断这个数额绝不是对方的心理底价，这一次出价之后一定还有第二次，甚至第三次、第四次。而且理赔员一开口就说他只能赔多少、多少，显然是他自己也觉得这个数目太少，不好意思开口说，于是他选择了沉默。

理赔员果然沉不住气了，他主动说道："抱歉，请不要介意我刚才的提议，我再加一点。200美元如何？"谈判专家说道："不行，我还是不可能接受你这样的条件，数目少得简直难以置信。"于是对方又说道："那好吧，我赔给你300美元怎么样？"谈判专家又一次回答："绝对不行。""好吧，那就400美元，这个数额已经很高了。"

"我还是接受不了，你再来看一下房子的受损情况吧。"就这样理赔员一次又一次将赔偿金增加，最后竟然以惊人的950美元的赔偿费结束了这次谈判。

在交际过程中，能否洞察对方的心理是很重要的，一旦你知道了对方的心理底线，再以正确的方法进行处理，那么胜算肯定是在你这边的。

杰克在一家公司工作了3年，在公司他以出色的应变能力得到了上司的赏识。一次，公司派他作为谈判代表与一家大企业谈判一笔产品的合作合同，谈判进行得非常艰苦，在技术授权和资金方面双方存在很大的分歧。在预定的谈判期限的最后一天，杰克认为自己所做的已经达到了双赢的目的，但是，那家企业的谈判人员，得寸进尺，一再地用自己的技术优势给杰克一方施加压力。

这时候的杰克清楚对方并不是不满意自己先前开出的条件，而是在争取更多的利益，自己绝不能再给对方机会了。他淡定地对对方的谈判代表说："我们的诚意已经给贵公司看到了，如果贵公司觉得这笔生意不合适的话，可以寻找另外的合作伙伴。至于新的合作伙伴能不能作出我们这样的承诺，我想大家都应该很清楚了。"对方的谈判代表仍然想给杰克一个下马

第四课 [成功说服他人的口才策略]

威:"那好,于先生,既然这样,我们也不必多谈了,我们先离开了。"

杰克始终面带微笑,没有漏出半点异色,那家企业的谈判代表将要拉门离开的时候,发现杰克没有挽留的意思,却又转身回来,缓和了语气:"于先生,我想我们还是应该再谈谈,毕竟我们已经不是第一次合作了。"结果可想而知,杰克已经看到了对方的底线,所以以不变应万变,为公司争得了一笔大生意。

精明的谈判者都会不择手段地揣摩对方的真实意图,摸清了底牌,就掌握了谈判的主动权,这时再以什么方式取胜,便是技巧问题了。

卡耐基口才金言

看透对方心思,识破对方的底线,这样在说服中就能掌握主动权。

知己知彼,以实攻心

达威尔诺先生原想为纽约一家旅馆供应面包。4年期间每周他都去找旅馆负责人。他甚至在旅馆里租了间房间,住在那里,以便达成交易。不过,到底还是没能谈成。"但后来,"达威尔诺先生说,"我考虑了人的相互关系的本质以后,我决定改变策略,弄清旅馆负责人对什么感兴趣。

"我了解到,他是美国旅馆服务员协会的成员。不仅是这一协会的成员,而且还是协会的主席。无论这一协会的代表大会在什么地方召开,即便是跋山涉水,漂洋过海,他也会出席。于是,第二天见到他,我开始谈起这个协会。结果如何?他非常起劲地给我谈了半个小时。我一下子明白了,协会是他爱谈的话题,是他的嗜好。当时,我压根儿没谈面包的事。可没过几天,旅馆的财务管理员给我打电话,请我带样品和价目表去。

'我不知道您和他在一起干了些什么,'财务管理员对我说,'但是您可以相信,您现在可以和他达成协议了。'

"想想吧,我想达成这个协议已经有4年了,假如我早不费劲地了解到这个人对什么感兴趣就和他谈些什么话,早就达成协议了。"

你见过那种不听不问,一见到病人就开药方的医生吗?你和一个陌生人初次见面的时候,不管不顾就滔滔不绝地说话,就相当于不问病人就开药方的医生,效果怎么会好呢?你一定要对对方有所了解,才可以确定自己该怎么做才会最有效。

查尔斯属于纽约市一家大银行,奉命写一篇有关某一公司的机密报告,他知道某一个人拥有他非常需要的资料。于是,查尔斯先生去见那个人,他是一家大公司的董事长。当查尔斯先生被迎进董事长的办公室时,一个年轻的妇人从门边探进头来,告诉董事长,她这两天没有什么邮票可给他。

"我现在为我那12岁的儿子搜集邮票。"董事长对查尔斯解释。

查尔斯先生说明他的来意,开始提出问题。董事长的说法含糊、概括,他不想把心里的话说出来,无论怎样好言相劝都没有效果。这次见面的时间很短,没有实际效果。

"坦白说,我当时不知道该怎么办,"查尔斯说,"接着我想起他说的话——邮票,12岁的儿子,我也想起我们银行的国外部门搜集邮票的事,从来自世界各地的邮件上取下来的邮票。

"第二天早上,我再去找他,传话进去,我有一些邮票要送给他的孩子。我是否很热诚地被带进去呢?是的。他满脸带着笑意,客气得很。

第四课 [成功说服他人的口才策略]

'我的乔治将会喜欢这些。'他不停地说,一面抚弄那些邮票。我们花了一个小时谈论邮票,瞧瞧他儿子的照片,然后他又花了一个多小时,把我所想知道的资料全都告诉我,我甚至都没提议他这么做,他却把他所知道的,全都告诉了我,然后叫他的下属进来,问他们一些问题。他还打电话给他的一些同行,把一些事实、数字、报告和信件,全都告诉我。"

如果你能事先探听到对方的消息自然好,如果不能也没关系,你照样可以临时了解他,并根据得到的信息作出反应。当然,这需要你处处留心。

卡耐基口才金言

知道对方心中想什么,你才能知道说什么。要想说服他人,首先要对对方的心理作一番"侦察",猜透对方的心思。

 **抓住心理,一蹴而就**

说服他人是一场与对手进行较量的心理战术,如果不能很好地把握对手的底牌,往往会事倍功半。在很多时候,如果能够抓住对方心里最容易被打动的地方,是成功说服他人的关键。一个善于说服别人的人一定是一个善于读懂别人心理的人,是一个善于把握机会的人。

一对美国夫妇带着孩子去看电影,没买票,理由是"我们的孩子还小用不着买票",检票员笑着说:"瞧,你孩子这么高了,快齐您的肩膀了,你应为他买票而感到高兴啊!"那对夫妇脸上马上浮现出了笑意。

"是啊,这小孩长得真快。"母亲笑着说,父亲掏钱买了票。

检票员正好说中了那对夫妇希望孩子快快长大的愿望,说了一句动听的话,就使那对夫妇欣然接受了检票员的意见,改正了错误。

巴拿马运河最早不是由美国开凿的。19世纪末,一家法国公司跟哥伦比亚签订了合同,打算在哥伦比亚的巴拿马省境内开一条连通大西洋和太平洋的运河。主持运河工程的总工程师就是因开凿苏伊士运河而闻名世界的法国人雷赛布,他自以为这一工程不在话下,然而巴拿马环境与苏伊士有很大的不同,工程进度很慢,资金开始短缺,于是公司陷入了窘境。

美国早在1880年就想开一条连贯两大洋的运河。由于法国先下手与哥伦比亚签订了条约,美国十分懊悔。

在这种形势下,法国公司的代理人布里略访问美国,向美国政府兜售巴拿马运河公司,要价1亿美元。美国早已对运河公司垂涎三尺,知道法国拟出售公司更是欣喜若狂。然而,美国却故作姿态,罗斯福指使美国海峡运河委员会提出报告,证明在尼加拉瓜开运河省钱。报告指出,在尼加拉瓜开运河的全部费用不到2亿美元。在巴拿马运河的直接费用虽然只有1亿多,但另外要付出一笔收买法国公司的费用,这样,开巴拿马运河的全部支出将达2亿5千多万美元。

布里略看到这个报告后大吃一惊。如果美国不开巴拿马运河,法国不是1分钱也收不回了吗?于是他马上游说,表明法国公司愿意削价,只要4 000万美元就行了。通过这一方法,美国就少花了6 000万美元。

罗斯福又用同一计策来压哥伦比亚政府。他指使国会通过一个法案,规定美国如果能在适当时期内同哥伦比亚政府达成协议,将选择巴拿马开运河,否则,美国将选择尼加拉瓜。

这样一来,哥伦比亚也坐不住了,驻华盛顿大使马上找美国国务卿海约翰协商,签订了一项卖国条约,同意以100万美元的代价长期租给美国

第四课 [成功说服他人的口才策略]

一条两岸各宽3公里的运河区，美国每年另外付租金10万元。

在这个过程中，美国政府始终把握好了对手的心理底线，利用以退为进达到公关成功，用极低的价格达到了自己的目的。

卡耐基口才金言

不管是在谈判中还是日常生活中，准确地抓住对方的心理，说服他时才能说到"要害"，引起对方的共鸣和知音之感，让对方迅速接受你的观点。

单面宣传和双面宣传说服法

第二次世界大战末，当意大利、德国接连战败投降后，日本还在太平洋地区负隅顽抗。这时照理说，形势对于盟军显得很乐观，似乎日本的投降也是指日可待，战争的胜负已经很明显。但实际上，美国军方的将领知道，战争中变数很多，兵法上向来就有"骄兵必败，哀兵必胜"的道理，如果现在盟军的士兵们觉得胜利一定是属于自己，就很容易放松斗志，肯定不利于最后取得胜利。

这时候，美军的将领们很想说服士兵们相信，日本不一定会像德国那样快地投降，美军与日军的战争还需持续一段艰巨漫长的过程。但是他们对于采取怎样的宣传手法，产生了疑惑，就是不知道该用单面宣传还是双面宣传。

什么是单面宣传，什么又是双面宣传呢？当别人向我们宣传一件事情的时候，只说对他有利的一面，就是单面宣传。如果不仅说有利的一面，连不利的一面也讲，就是双面宣传。

美军的将领就此问题咨询了社会心理学家，心理学家进行了一次实验。他们对一部分士兵进行单面宣传。从美国本土到太平洋盟军基地的补给线很长，供给困难，而日本控制了不少的当地资源，而且日军人数多、士气高等，最后指出战争至少还要持续两年。这是单面宣传，体现了美军将领们真正想达到的目的——说服士兵们相信，日本不一定会像德国那样快地投降，美军与日军的战争还需持续一段艰巨漫长的过程，要鼓起斗志。而心理学家对另一部分士兵则进行了双面宣传，除了介绍那些想要说明的因素，也强调与其相反的一方面，就是盟军在战争中是有优势的。最后告诉士兵，估计距战争胜利还需两年时间。

这两种方法都是有利有弊的。单面宣传，可以避免相反信息的干扰，但如果处理不好，当他觉察到还有信息时，以为我们有意不告诉他，便容易怀疑我们，以致降低信息的可信度，甚至引起反感。双面宣传，我们可以与他一起分析对比，使之产生"免疫力"，自觉地改变态度，但如果处理不好，就容易使他不但不接受我们的立场，反而去接受相反的立场。

那么，到底是单面宣传好，还是双面宣传好呢？

通过整理这次宣传结果所得的资料，心理学家发现了：在试图说服他人的时候，应该根据他们的特点，有针对性地进行宣传。

当对方对我们的观点比较赞赏或处于中性态度时，采用单面宣传效果较好；而当对方一开始就持怀疑或否定态度时，则以双面宣传较合适。

当对方的文化程度和智力水平较高时，采用双面宣传较适宜；而对低智力低文化者，则用单面宣传较佳。

比如，对战争形势不太了解的、知识较少的士兵，本来就对我们的

第四课 [成功说服他人的口才策略]

观点持中性或者比较赞成态度的人来说,只进行单面宣传,即说明现在形势严峻,面临的抵抗会很强大,更容易使士兵保持斗志不松懈。相反,对于本来就比较了解当前形势的士兵来说,进行双面宣传会使他们了解得更多,对形势判断得更明确,也就更容易接受这个观点。这两种宣传方式,我们在日常生活中也经常可以看到。

有的宣传只介绍有利于自己的赞同观点,对不同立场的观点和对自己不利的方面绝口不谈,要么就一味攻击。

许多商业性的广告几乎都是一边倒的单方面宣传,自卖自夸,只说自己的产品好,而对产品的不足只字不提。有的则介绍两种对立立场,既说自己商品的优点,有利之处,也说它的欠缺,不利的方面。

霍尔默先生是美国房地产巨商。有一次他承接了一笔令他烦恼的房地产买卖生意。

这块土地虽然靠近火车站,交通便利;但也有不利之处,它紧挨一家木材加工厂,电动锯木的噪声不断传来,难以忍受。几次业务洽谈他都采用单面宣传,只说好处,不说不利之言,结果都失败了。

后来,霍尔默先生经过全方位严肃、细致的考察,他又找了一位想购买地皮的顾客。

这次,他改变以往的做法,直截了当地向该顾客说明:"这块土地处于交通便利地段,比起附近的土地,价格便宜得多了。当然,这块土地之所以没有高价卖出是因为它紧邻一家木材加工厂,噪声较大。"

霍尔默先生见顾客一言未发,就继续说:"如果您能容忍噪声,那么它的交通便利、价格标准,均与您的要求非常符合,确实是您理想的购买地方。"

没过多久,该顾客在霍尔默的带领下到现场参观调查,结果非常满意。

他对霍尔默先生说:"上次你特别提到的噪声问题,我还以为很严重,那天我去观察了一下,发现那种噪声对我来说不算什么问题。我以往住的地方整天重型卡车来往不绝,可这里的噪声一天总共只有几个小时,总体来说,我很满意。你这个人挺老实,要换上别人或许会隐瞒这个事实,光说好听的。你这么如实相告,反而使我很放心。"这项业务便轻松谈了下来。

因为双面宣传给人以真诚可信的感觉,使对方对你所展示的优点更加深信不疑,反而觉得你所说的缺点无足轻重。但是,这个结论也会因人而异。

当对方学历比较低,或者对该类商品的了解比较少的时候,则单面宣传的效果会更好;而当对方学历较高,或者对该类商品的了解较多的时候,则双面宣传的效果更好。

卡耐基口才金言

单面宣传和双面宣传各有优劣势,在说服他人的时候,要根据对方的职业、知识水平、年龄等情况区别对待,灵活使用。

温暖胜于严寒,平和胜于严斥

用温和的方式去启发他人进行自我思考或者反省,进而说服他人,往往比强硬的手段更有效。

因为每一个人都有自己的思想,都不是一个毫无防御能力的固定靶,并不是只要我们瞄准他,"砰"的一声枪响,他就会应声而倒。

在人际交往的链环中,任何人都不是被动的枪靶,而是沟通的主体。

第四课 [成功说服他人的口才策略]

你要向他开枪射击,他难道就不可以躲避一下,或者操起心灵上的盾牌,给你挡回去?甚至拿起枪对你扣动扳机?

一天,学生小彼得被英语老师赶出了课堂。彼得在走廊里站了一会儿后,气冲冲地来到学长的办公室。学长清楚此时此景,如果对彼得进行严厉批评,甚至"体罚"一下,彼得肯定听不进去,甚至也会和自己发生冲撞。于是,学长站了起来,摸了摸彼得的头,"呦,火气还不小嘛!来,在我的椅子上坐会儿,消消气。"待他的情绪稳定下来,学长又用关切的眼神凝视着他,轻柔的语言飘荡在他的耳边,向他了解事情的经过。

面对学长的平静"温柔",彼得的怒气渐渐平息,客观公正地陈述了事情的经过,言语中也有他的自责。课后,彼得主动向英语老师道歉。

对待这件事情,如果学长采取不分青红皂白,辱骂体罚,自然不能产生这样好的教育效果。

通常,很多老师都在为脱掉学生身上"某件大衣"而狠吹"北风",但是,刺骨寒冷的"北风"只会激起孩子们的对立情绪和逆反心理。

凌厉的北风固然凶猛,可结果却会事与愿违;温和的南风虽然徐徐,却能达到预期目标。

有些人与大家在一起说话的时候,很要强,一次、两次可能因为你厉害,占了上风,但不久你就会发现,你已经失去了朋友。

我们经常会看到,在与别人发生矛盾、冲突时,如果各不相让,到最后只会弄得两败俱伤。我们何不学学温和的南风呢?遇到问题,心平气和地坐下来好好谈谈,这是说服他人解决问题的有效途径。

卡耐基口才金言

> 在处理人与人之间的关系时,要特别注意讲究方式和方法。多予人温暖,少给人严寒。多温和相待,少严厉对人。

多用商量的口气来说服

当一个人受到他人的强制时,心理上很自然会产生反抗,同样的事,自愿去做和受到强制去做,效果相差很远。而且,被强制去做心中总是很不情愿。因此,要想说服他人,尽量多用商量的口气。

如果你要人家遵照你的意思去做事,应该用商量的口气向其提出建议。譬如说:"你看这样做好不好呢?"假使你要你的秘书写一封信,把大意讲了以后,要再问一下:"你看这样写是不是妥善?"看了要修改的地方,又说道:"如果这样写,你看怎样?"你虽然站在发号施令的角度,可是要懂得别人是不爱听命令的,所以不应当用命令的口气。

一个盛夏的中午,一群工人在休息,一位监工走上去把大家臭骂一顿,工人们害怕监工,当然立刻站起来去工作了。可是当监工一走,他们便又停手了。如果那位监工上前和颜悦色地说道:"朋友,现在这些工作很要紧,我们忍耐一下来赶一赶好吗?我们早早赶好了,早早回去洗一个澡休息,怎么样?"我想,工人们当然会一声不响地忍着暑热去工作。

人们常常听了对方说话之后,发现其中有一点自己不大同意,立刻就提出异议,而对方一听,就会以为自己的意见全被否定了,而会很不高兴。在这种场合,我们一定要记得预先说明哪一点,或者哪几方面,自己是完全同意的,然后指出自己与对方意见不同的只限于某一点。这样,对方很容易地就接受了你的批评或修正,因为他知道双方对于主要部分的意

第四课 [成功说服他人的口才策略]

见是完全一致的。即使你所不同意的地方是对方意见的主要方面，你最好仍能预先表达对方意见中你所同意的各点，即使它是最不重要的一点。无论你的意见和对方意见的距离多么远，冲突得多么厉害，我们都要表现出一切都可以商量，并且相信，无论怎样艰难，大家都可以得到比较接近的看法。

如果你是一位领导，下命令给下级时，也应该考虑下级的心理，一厢情愿地下命令，容易招致下级的反感和反抗。比权威和压服更好的办法是用商量的口吻，使属下心悦诚服，体谅自己的苦心。

遇到棘手复杂的工作而吩咐下级去做时，应以劝服和协商为主。因为职员本来就为自己能否担任这一工作而惴惴不安，如果采用高压手段，下级会更恐慌："万一干不了或干坏了，领导会怎么处置我呢？还是拒绝算了！"或者职员因为工作妨碍到个人的休息和正常生活而不愿干，领导也不能以权力威胁于他或干脆就放弃了。如果改变一下方式，用商量的口气要求对方完成某项棘手的任务，部下也许能心甘情愿，将工作做得更好。

例如，不要说："我要你这样或那样去做。"而是用商量的口气说道："你看这样做好不好呢？"比如你要你的秘书写一封信，把大意讲了以后，可以再问一下："你看这样写是不是妥当？"如果有要修改的地方，可以说："如果这样写，你看怎样？"

总之，如果你要下级遵照你的意思去做事情时，最好是用商量的口气。

卡耐基口才金言

在说服的过程中，与其喋喋不休地进行劝说，不如以商量的语气进行点拨。前者令人生厌，效果甚微；后者亲切而友好，收效也很显著。

耐心是金，步步为营，稳中求胜

有一天，我突然同时接到两家研习机构的演讲邀请函，一时之间，我无法决定接受哪家邀请。但在分别与两位负责人洽谈过后，我选择了后者。

在电话中，第一家机构的邀请者是这样说的：

"请卡耐基先生不吝赐教，为本公司传授说话的技巧给中小企业管理者。由于我不太清楚你所讲演的内容，就请你自行斟酌吧。人数估计不超过100人……万事拜托了。"

我认为，这位邀请者说话时平淡无力，缺乏热忱。给人的感觉，便是一副为工作而工作的态度，让人感受不到丝毫的热情，也给他留下相当不好的印象。

此外，对方既没明确地提示我应该做什么、要做到什么程度，也没有清楚交代听讲人数，教我如何决定演讲内容呢？对此，我自然没有什么好感。

而另一家机构的邀请者则是这样说的：

"恳请卡耐基先生不吝赐教，传授一些增强中小企业管理者说话技巧的诀窍。与会的对象都是拥有50名左右员工的企业管理者，预定听讲人数为70人。因为深深体悟到心意相通的时代离我们越来越远，部属看上司脸色办事的传统陋习早已行不通。因此，此次恳请先生莅临演讲的主要目的，是希望让所有与会研习者明白，不能用语言清楚地表达出自己想法的

第四课 [成功说服他人的口才策略]

人,就无法成为优秀的管理人才。希望演说时间控制在两个钟头左右,内容锁定在:①学习说话技巧的必要性;②掌握说话技巧的好处;③说话技巧的学习方法。希望卡耐基先生能从这三个方面带给大家一次别开生面的演讲。万事拜托了。"

我明显感觉到这家机构的邀请者明快干练、信心十足,完全将他的热情毫无保留地传达给了自己。更重要的是,对方在他还没有提出问题的情况下,就解答了所有的疑问。因此,在我的脑海里立刻浮现出自己置身讲台的情景,并很快就能够想象出参加者的表情,以及自己该讲述的内容等。显然,这种邀请方式很能带给受邀者的好感。

很显然,说服别人是需要一定技巧的。其中最重要的是依循一定的步骤,像行军打仗一样,步步为营,才能稳中求胜,也易形成排山倒海的气势。一般来说,要注意从以下几方面对说服者进行说服:

(1)要吸引对方的注意和兴趣。为了让对方同意自己的观点,务必要吸引劝说对方将注意力集中到自己设定的话题上。利用"这样的事,你觉得怎样?这对你来说,是绝对有用的……"之类的话转移他的注意力,让他愿意并且有兴趣往下听。

(2)要明确表达自己的思想。明白、清楚的表达能力是成功说服的首要要素。对方能否轻轻松松倾听你的想法与计划,取决于你如何巧妙地运用你的语言技巧。

要准确、具体地说明你所想表达的话题。比如,"如此一来不是就大有改善了吗?"之类的话,更进一步深入话题,好让对方能够充分理解。为了让你的描述更加生动,少不了要引用一些比喻、实例来加深听者的印象。适当引用比喻和实例能使人产生具体的印象;能让抽象晦涩的道理变得简单易懂;甚至使你的主题变成更明确或为人熟知的事物。如此一来,就能够顺利地让对方在脑海里产生鲜明的印象。

卡耐基口才金言

说服别人不能急于求成，不能要求别人一次全部接受你的观点，要有耐心，循序渐进地进行说服劝导，步步为营，稳中求胜。

有理由说服时自然理直气壮

我们在说服别人的过程中，最具说服力的方法就是强调最大最关键的理由。

多年以前，拿破仑·希尔曾应邀向俄亥俄州立监狱的服刑人发表演说。他一站上讲台，立刻看到眼前的听众之中有一位是他在10年前就已认识的朋友——D先生。D先生此前是一位成功的商人。

拿破仑演讲完毕后，和D先生见了面，谈了谈，发现他因为伪造文书而被判20年徒刑。听完他的故事之后，拿破仑说："我要在60天之内，使你离开这里。"

D先生脸上露出苦笑，回答说："希尔，我很佩服你的精神，但对你的判断力却深感怀疑。你可知道，至少已有20位具有影响力的人士曾经运用他们所知的各种方法，想使我获得释放。但一直没有成功。这是办不到的事。"

大概就是因为他最后的那句话——"这是办不到的事"——向拿破仑提出了挑战，他决定向D先生证明，这是可以办得到的。

第四课 [成功说服他人的口才策略]

拿破仑回到纽约市，请求他的妻子收拾好行李，准备在哥伦布市——俄亥俄州立监狱所在地——停留一段不确定的时间。

拿破仑的脑海中有一项"明确的目标"，这项目标就是要把D先生弄出俄亥俄州立监狱。他从来不怀疑能否使D先生获释。他和妻子来到哥伦布市，买了一处高级住宅，像要永久性住下去一样。

第二天，拿破仑前去拜访俄亥俄州州长，向他表明了此行的目的。

拿破仑是这样说的：

"州长先生，我这次是来请求你下令把D先生从俄亥俄州立监狱中释放出来。我有充分的理由，请求你释放他。我希望你立刻给他自由，为此我准备留在这儿，等待他获得释放，不管要等待多久。在服刑的期间，D先生已经在俄亥俄州立监狱中推出一套函授课程，你当然也知道这件事：他已经影响了俄亥俄州立监狱中2 518名囚犯中的1 728人，他们都参加了这个函授课程。他已经设法请求获得足够的教科书及课程资料，而使得这些囚犯能够跟得上功课。难得的是，他这样做并未花费州政府的一分钱。监狱的典狱长及管理员告诉我说，他一直很小心地遵守监狱的规定。当然了，一个能够影响1 700多名囚犯努力学习的人，绝对不会是个坏家伙。我来此请求你释放D先生，因为我希望你能指派他担任一所监狱学校的校长，这将可使得美国其余监狱的16万名囚犯获得向善学习的良好机会。我准备担负起他出狱后的全部责任。这就是我的要求，但是，在你给我回答之前，我希望你知道，我并不是不明白，如果你将他释放，而且，你又决定竞选连任的话，这可能会使你失去很多选票。"

俄亥俄州州长维克·杜纳海先生紧握住拳头，宽大的下巴显示出坚定的毅力。他说："如果这就是你对D先生的请求，我将把他释放，即使这样做会使我损失5 000张选票，也在所不惜……"

这项说服工作就此轻易完成了，而整个过程费时竟然不超过5分钟。

3天以后，州长签署了赦免状，D先生走出监狱的大铁门，他再度恢复了自由之身。

拿破仑之所以能够成功地说服州长，和他的周密考虑和精心安排是分不开的。拿破仑事前了解到，D先生在狱中的行为良好，对1728名囚犯提供了良好的服务。当他创办了世界上第一所监狱函授学校时，他同时也为自己打造了一把打开监狱大门的钥匙。既然如此，那么，其他请求保释D先生的那些大人物，为何无法成功地使D先生获得释放呢？他们之所以失败，主要是因为他们请求州长的理由不充足。他们请求州长赦免D先生时，所用的理由是，他的父母是著名的大人物，或者是说他是大学毕业生，而且也不是什么坏人。他们未能提供给俄亥俄州州长充分的动机，使他能够觉得自己有充分的理由去签署赦免状。

拿破仑在见州长之前，先把所有的事实研究了一遍，并在想象中把自己当作是州长本人思想一遍，而且弄清楚了，如果自己真的是州长，什么样的说辞才最能打动州长。拿破仑是以全美国各监狱内的16万名男女囚犯的名义，请求释放D先生的。因为这些囚犯可以享受到D先生所创办的函授学校的利益。他绝口不提他有声名显赫的父母，也不提自己以前和他的友谊，更不提他是值得我们帮助的人。所有这些事情都可被用来作为请求保释他的最佳理由，但和下面这个更大、更有意义的理由比较起来，就显得没有太大的意义。这个更大、更有意义的理由是，他的获释将对另外的16万名囚犯有很大的帮助，因为他获释之后，将使这些囚犯享受到他所创办的这个函授学校的好处。因此，拿破仑靠着这个最大最关键的理由获得了成功。

卡耐基口才金言

理由有着无形的说服力，有理由说服才能站得住脚，才能理直气壮、堂而皇之，占据主动。如果你想说服对方，就要给对方摆出充足的理由。

第四课 [成功说服他人的口才策略]

隐藏劝说动机，激发对方好奇心

对于越是禁止的东西，人们越感兴趣；越难得到的东西，也就越显得珍贵。为什么会有这种现象呢？

心理学家认为：人类有一种探究的本能，遇事都想知道个究竟，以揭示其奥秘。就是这个本能激发了人们的好奇心，驱使人们去解开事物的真相。

利用这个道理，我们在劝说别人的时候，为了增强信息的影响力，就需要把劝说动机巧妙地"隐藏"起来，让被劝说者感到"意外"地获得了劝说的信息，可有效地增加信息的可信度。

在改变人们的态度时，也可以根据逆反心理的特点，把某种劝说信息以不宜泄露的方式表达给被劝说者，或者以不愿让人们多得的方式出现，就可能引起人们对这一信息的重视，使他们毫不怀疑地接受它。

有时候耳语也能起到这样的效果，喃喃细语是富有情趣的。你看恋人只有在很甜蜜的时候才会肩并肩地窃窃私语，吵架的时候绝不会如此。劝说他人也是如此。

坐在一起面对面和风细雨地谈，比站着喊更能让人感到亲切。如果你说话的声音由于情感的融合而逐渐变小，那么心理的交流也就会逐渐顺畅，两个人的心沟通了，自然劝说也就容易起来。

在说服时，如果事先将自己的意图和动机告诉对方，就有可能给对方留下把柄，为后面的说服带来阻碍。把自己的劝说动机隐藏起来，可造成悬念，激发起对方的好奇心，引导对方顺从自己的思路并最终说服对方。

卡耐基口才金言

说三句留一句，把自己的说服动机隐藏起来，可以激发对方的好奇心理，诱导对方顺着你的说服节奏，在不知不觉间一步一步地接受你的意见。

寻找对方突破口乘势而入

说服是一门艺术，更是一个人综合素质的具体体现，比如一些权威言论或经实践证明的真知灼见，人们自然不说自服，而在日常生活中要想因某事而说服某人，就必须掌握一些说服的技巧和法则，以提高说服的效率。抓住对方的突破口说服他人是说服的有效捷径。

要想在最快的时间内寻找到说服别人的最佳突破点，可以试着从以下几种方法着手。

1. 从对方的性格入手

不同性格的人，接受他人意见的方式和敏感程度是不一样的。如：是性格急躁的人，还是性格稳重的人；是自负又胸无点墨的人，还是有真才实学又很谦虚的人。了解了对方的性格，就可以按照他的性格特征，有针对性地说服他了。

第四课 [成功说服他人的口才策略]

2. 从对方的长处入手

一个人的长处就是他最熟悉、最了解、最易理解的领域。如有人对部队生活比较熟悉，有人对农村生活比较熟悉，有人擅长文艺，有人擅长体育，有人擅长交际，有人擅长计算等。

在说服人的时候，要从对方的长处入手。第一，能和他谈到一起去；第二，在他所擅长的领域里谈论起来，他容易理解，因此容易说服他；第三，能将他的长处作为说服他的一个有利条件，如一个伶牙俐齿、善于交际的人，在分配他做推销工作时可以说："你在这方面比别人具有难得的才能，这是发挥你潜在能力的一个最好机会。"这样谈既有理有据，又能表现领导者对他的信任，还能引起他对新工作的兴趣。

3. 从对方的兴趣入手

有人喜欢绘画，有人喜欢音乐，有人喜欢读书，还有人喜欢下棋、养鸟、集邮、书法、写作等，人人都喜欢从事和谈论其最感兴趣的事物。从这里入手，打开他的"话匣子"，再对他进行说服，便较容易达到说服的目的。

4. 从对方的想法入手

一个人坚持一种想法，绝不是偶然的，他必定有自己的理由，而且他讲的道理一般都符合他自己的利益或人之常情。但这常常不是他想要坚持的，只是不愿承认，难于启齿。如果说服者能真正了解他的"苦衷"，就能有针对性地加以解决。

5. 从对方的情绪入手

一般来说，影响对方情绪的因素有以下方面：一是谈话前对方因其他事所造成的心绪仍在起作用；二是谈话当时对方的注意力还未集中起来；三是对说服者的看法和态度。因此，说服者在开始说服之前，要设法了解他当时的思想动态和情绪，这对说服的成败是一个至关重要的环节。

凡此种种，你都要悉心研究，才能够有针对性地采取有效的说服方式。另外，了解对方是有许多学问的。许多人不能说服别人，就是因为他不仔细研究对方，不研究该用怎样的表达方式，就急忙下结论，还以为"一眼看穿了别人"。这就像那些粗心的医生，对病人病情不了解就开了药方，当然不会有好的效果。

卡耐基口才金言

说服他人要有方向，有针对性，要善于寻找突破点，只要找到对方的突破点，再乘胜追击，就可以达到说服对方的目的。

最佳时机说服可获最佳效果

一个人的心理状况是客观现实在头脑中的反映，外界的刺激会引起人的心理变化，导致人的心理波动。

这时人们往往情绪反应强烈，感到不安，特别是年轻人情感更为动荡，极易冲动，情感有余，而理智不足，一旦情感的潮水漫过理智的堤坝，就会在激情的驱使下采取过火行为，事后则追悔莫及。如果抓住情绪产生强烈波动，还未导致不正常行为的时刻予以说服，加以引导，说明利害得失，对方就会受到震动，恢复理智，幡然醒悟。而如果过早地进行说服，会被对方认为神经过敏或无中生有。这些都不能收到好的效果。要抓住最佳时机，就要善于在人的思想、情绪容易发生变化或可能出现问题的关口及时进行说服教育。

一般来说,当人们面临工作调动、毕业分配、家庭事件、婚恋受挫、提职加薪、意外事故、子女就业等情况时,极容易产生思想波动和不安情绪,这也正是进行说服的好时机。个别说服的时机是否恰当,可以通过观察对方的情绪表现进行判断。如果对方心平气和,或者表现出情绪趋于平静的迹象,这往往是说服的好时机。如果发现对方表现出反感和对立情绪,我们除应检查谈话方式、方法或自己的观点、态度是否正确外,还应考虑谈话的时机是否成熟,好及时终止谈话,以免造成不利的后果。

这时,我们应积极观察,耐心等待;或者采取恰当措施,创造有利的时机,使说服一举奏效。实际上,我们所强调的最佳时机,并没有具体标准,也并不限于上面事例中所展示的模式,而全靠我们在具体情况下从说服目的出发,针对对方的思想状态和心理特点,自己揣摩和把握。只要我们用心去观察,准确地预测和果断、灵活地掌握说服的技巧,我们的说服就会像春天的细雨,恰到好处地滋润人们的心田。

卡耐基口才金言

说服要把握时机,要根据对方的心情和交谈的气氛,不失时机、恰到好处地向对方提出你的建议,过早或过迟都难以产生应有的效果。

巧用反问,反戈一击

如欲说服人,最好的方法就是举出例证反其问之,它远比正面辩驳要有更大的说服力。

有一次，拿破仑对他的秘书说："布里昂，你知道吗？你也将永垂不朽了。"

布里昂开始不解拿破仑的意思，拿破仑解释说："你不是我的秘书吗？"

布里昂明白后，笑了笑说："请问，亚历山大的秘书是谁？"

拿破仑答不上来，赞扬道："问得好！"

问得好，好在哪？

按拿破仑的意思：永垂不朽者的秘书，也是永垂不朽的，这是大前提。你是我拿破仑的秘书，这是小前提。结论："你也将永垂不朽。"

布里昂明白拿破仑的意思，虽并不寄希望于依靠名人扬名，但仍不忘作为秘书对主帅的尊重，所以采用表面请教，实则反问的方式："请问，亚历山大的秘书是谁？"证明了大前提的不可靠性，使拿破仑的结论不攻自破。

有一位女作家写完了一部长篇小说，发表后引起轰动，一时成为最畅销的热门书。有个评论家曾向女作家求婚遭到对方的拒绝，因而怀恨在心，经常在评论中旁敲侧击地贬低她。有一次文学界举行聚会，许多人当面向女作家表示祝贺，称赞作品的成功。女作家一一表示感谢。忽然那位评论家拨开众人，挤到前面，大声向女作家问道：

"您这本书的确十分精彩，但不知道您能否透露一下秘密，这本书究竟是谁替您写的？"

女作家还陶醉在众人的赞扬声中，冷不防他会提出这样的问题，就在她一愣的刹那，人群中已有议论声传出。女作家立即清醒地估量了形势，意识到做问题以外的争吵于自己不利，她马上镇静下来，露出谦和的笑容，对评论家说道：

"您能这样公正恰当地评价我的作品，我感到十分荣幸，并向您表示由衷的感谢！但不知您能否告诉我，这本书是谁替您读的呢？"

第四课 [成功说服他人的口才策略]

评论家的刁难之意十分明显，而女作家彬彬有礼的反问，虽然面带微笑，但同样针锋相对，威力十足。潜台词是说，你从来不认真读别人的作品，所作出的评论无非是信口雌黄。连书都不读的人，有什么资格作评论？巧妙的反问，使评论家陷入了狼狈的境地。

运用反问能够加强语势，把原来确定的意思表达得更加鲜明且不容置喙，所以，容易集中听众的注意力，给人造成强烈的印象，容易唤起人们的想象，比正面表达更能产生力量。

卡耐基口才金言

一句有力量的反问，胜过十句的劝说。说服过程中，适时反问一句，可以让你摆脱被动的局面，在说服中占据主动。

以退为进的战略会大奏奇效

有一年，在比利时某画廊发生了这样一件事：

美国画商看中了印度人带来的3幅画，标价为250美元，画商不愿出此价格，于是便展开了一场唇枪舌剑，谁也不肯退缩，谈判进入了僵局。那位印度人恼火了，怒气冲冲地当着美国人的面把其中一幅画烧了。美国人看到这么好的画烧了，当然感到十分可惜。他问印度人剩下的两幅画愿卖多少钱，回答还是250美元。美国画商见毫不松口，又拒绝了这个价格，这位印度人把心一横，又烧掉了其中一幅画。美国画商只好乞求他千万别再烧最后这一幅画了。当他再次询问这位印度人愿卖多少钱时，卖者说道："最后一幅画能与三幅画是一样的价钱吗？"最后，这位印度人手中的最后一幅画竟然以600美元的价格成功拍板成交。

当时，其他画的价格都在100美元到150美元之间，而印度人这幅画价却能卖到如此之高，其中的原因何在？首先，他烧掉两幅画以吸引那位美国人，便是采用了"以退为进"的战略，因为他"有恃无恐"，知道自己出售的3幅画都是出自名家之手。烧掉了两幅，剩下了最后一幅画，正照应了"物以稀为贵"。同时，印度人还了解到这个美国人喜欢收藏古董名画，只要他爱上这幅画，就绝对不会轻易放弃，宁肯出高价也一定要买走作珍藏。聪明的印度人施展这招果然很灵，一笔成功的生意唾手而得。

在商谈中，卖方很想出售自己的商品，而买方则会提出种种借口，以图达到最高利益，这个时候，以退为进的战略便会大奏奇效。

当然，要想利用好这种策略，就必须要拥有一定的后盾，把握好分寸。"不打无准备之仗"，心中没有十分的把握而轻易使用此计，难免会弄巧成拙。如果那位印度人不了解美国人喜爱古董的习惯，不能肯定他一定会买下那最后一幅画而去烧掉前两幅，如果最后美国人没有买那幅画，印度人可就是"赔了夫人又折兵"，后悔莫及。

在社交场合中，不要以为谈判就非得谈不可。其实，有时候离开谈判桌，并不是你不想做成这笔交易，有时候，这反倒是成交的有效手段，交易筹码通常只多不少。所以，谈判时，别忘了随时准备离开谈判桌，而且要说到做到。当你再度回到谈判桌上时，行情往往看涨。

当然，这需要一定的技巧，要根据当时的实际情况具体对待。而且一个人的应变能力是以人生经验为基础的，经过多次实践，必然会变得老练

第四课 [成功说服他人的口才策略]

聪明。与此同时，应变能力也反映着一个人的机智和修养。

这方面功底深厚的人才有可能在情况发生变化时化险为夷，化拙为巧，使自己摆脱不利的境地，并在交际中取得良好的效果。

卡耐基口才金言

步步紧逼会让人产生抗拒心，说服自然很难奏效，适时后退一步，给别人留有空间，也给自己留有余地，这就为最终说服别人创造了条件。

沉默有时比论理更有说服力

林肯是一位勤勉好学的人，他通过自学，领得了律师营业执照。他在法庭诉讼中的能言善辩、机智灵活，赢得了人们普遍的赞誉。有一次，他竟一言不发而击破了原告律师，在诉讼中获胜。

在法庭上，原告律师滔滔不绝，把一两个简单的论据反反复复地讲了两个小时，法官和听众都显得十分不耐烦，一片议论声。有的人竟打起瞌睡来。最后，原告律师终于说完了，林肯作为被告律师登上讲台，但他却一言不发。台下一片肃静，人们都感到很奇怪。

过了一会儿，林肯把外衣脱下，放在桌上，然后拿起水杯喝口水，再把水放下，重新穿上外衣。然后又脱外衣又喝水。如此重复了五六次，法官和听众被林肯的哑剧逗得哈哈大笑，而林肯却始终未发一言，在笑声中走下讲台，他的对手最终被"笑"输了。

沉默不语是一种武器。在说服中，如果对方提出不合理的要求，或者你对他所说的东西感到厌烦，最好是坐在那里，一言不发。

英国作家赖白斯在一次演讲中，突然停顿，取出了表，站在讲台上一声不响地看着观众，时间长达72秒之久。正当听众迷惑不解之时，他说："诸位刚才所感觉到的、局促不安的72秒长的时间，就是普通工人垒一块砖所用的时间。"

赖白斯以默语（即话语中短暂的间隙，又称停顿）的方式来表现演讲内容，实属高超，这是吸引听众注意力的一种方法。

说服中默语所表达的意义是丰富多彩的。它既可以是无言的赞许，也可以是无声的抗议；既可以是欣然默认，也可以是保留己见；既可以是威严的震慑，也可以是心虚的流露；既可以是毫无主见、附和众议的表示，也可以是决心坚定、不达目的绝不罢休的标志。

沉默，会使人感到不自在，会给对方造成一种僵持的感觉，使其觉得非得回答你的问题或提出新建议的方式来打破僵局不可。要注意的是，你提出问题并沉默后，不要继续提出其他问题或发表评论，以防把对方从僵持中解脱出来。否则，你的这一计策就无法奏效。

沉默是金，有时沉默不语能够出奇制胜，如果滔滔不绝，反而有理说不清。不同的沉默方式有不同的作用，运用时必须恰到好处。

卡耐基口才金言

沉默常常比论理更有说服力。我们说服人时，最头痛的是对方什么也不说。反过来，如果劝者什么也不说，对方的错误意见就找不到市场了。

第四课 [成功说服他人的口才策略]

对不同的人用不同的说服方式

　　社会上，有这么一种人，一方面他们只坚信自己，不相信别人比他更聪明、更正确；另一方面他们又非常缺乏自信，生怕自己的理由被别人驳倒，生怕自己的信心被别人动摇，因而不敢说出真正的理由。

　　他们的心里有一种很妙的想法："我讲出来，你就驳不倒。"当然，他们对自己也并不十分坦白。他们会想出种种很漂亮的理由支持自己这样做，但无论他们怎样说，无论他们怎样想，骨子里面他们认为：不说出理由是最安全的。有许多人就在这种自欺欺人的幌子之下，过了一生，做了许多不值得做的事。这种人确实是很难被说服的。

　　说服这种人要有真诚的态度，足够的机智，并且要去了解他们的思想及内心世界。这就要靠我们平时对别人的生活多留心，熟悉各种人的思想与行为的规律，能够深入地分析别人的内心活动。

　　当我们猜中别人想法的时候，别人可能脸红了，可能感到非常狼狈，甚至于会恼羞成怒，把错误坚持到底。这种情形当然并非我们所愿意看到的。

　　但是我们必须了解：一个人内心坚固的堡垒一旦被人摧毁时，是非常痛苦的。这时，我们就需要设法减轻他们的痛苦，或是使他们不觉得痛苦，反而觉得快乐。这就要靠我们有一颗至诚的心，真正能为别人着想，不但能指出他们的错误，而且还能为他们指出光明的前途。

还有一种人更难被说服，这种人对他心中的真正的理由，不是不肯说，也不是不敢说，而是不知道。

对别人的说服工作，如果你用的方法及言语很正确，对方仍然表现出茫然不解，或不以为然时，我们就要动脑筋了。这就需要我们立刻顺风转舵，改变初衷，换一个更好的方式。

同样的一种内容，可以有千百种表达的方式和方法。同样意思的话，可以有千百种的表达方法。我们要随时反省自己：我们的话，对方能够接受么？是讲得太深奥了，还是讲得太肤浅了？是把问题提得太高了，还是把问题降得太低了？我们的话是太武断了，还是太含蓄了？我们所用的词汇是太文雅了，还是太粗俗了？

说服这件事情，仔细研究起来，是非常复杂的。有时，我们可能因为用错一个字眼，无端地惹起对方的反感。在我们这个社会中，各个阶层、各种宗教、各种信仰的人，都各有一套说话的习惯，各有一套习惯的用语。讲究口才的人，对这方面的知识都相当看重。要和别人建立更深入的关系，最好能善于把握对方惯用的语言。

我们的话一出口，也像一个人要远行一样，未必一帆风顺。如果这个说法没有效果，或效果不好的时候，就要换个说法，直到对方完全了解，完全相信。事实上，有些比较困难的说服工作，绝不是一次或几次的谈话，就可以收到效果的，有时候需要很久的时间，有时候还需要用事实、用行动去做我们言语的后盾。

在说服别人的过程中，我们必须不断地深入了解自己的问题，并且丰富自己对人对事的认识，否则，如果我们只是单调地重复我们已经说过的话，那么除了令人讨厌之外，恐怕是得不到什么说服的效果的。

第四课 [成功说服他人的口才策略]

卡耐基口才金言

因此,当我们要说服别人的时候,每一次见面,每一次谈话,都必须添一点新的材料,多一点新的理由,加一点新的力量。一句话,争取新的发展,把阵地再向前推进一步。

第五课

[批评他人不伤感情的口才法则]

我们很难看到哪一次批评能让人心甘情愿地接受。批评之所以被人拒绝，一是批评者不了解当事人的处境和造成错误的原因，使当事人感到委屈；二是批评者采用了权威性的立场，暗示当事人行为的"笨拙"或"无能"，引起了当事人的反感。基于诚恳的批评，讲究批评方法和批评艺术，是口才艺术的一大准则。

温和的南风永远比凛冽的北风让人感觉温暖，尖锐的批评永远不会产生效果。不要严厉批评他人，那样做太愚蠢了，应该试着去了解别人，用温和的语气进行规劝，如此才是聪明的做法。

尖锐的批评永远不会有效果

批评就像饲养的鸽子，它们永远会飞回家的。我们需要了解，我们要矫正或谴责的人，他也会为自己辩护，而反过来谴责我们。就像温和的塔夫特，他也要这样说："我不知怎么样做，才能和我已做的不同。"

1865年4月15日，星期六的早晨，林肯躺在一个简陋的公寓的卧室中。这个公寓就在他遭到狙击的福特戏院对面。林肯瘦长的身体，躺在一张短短而往下沉的床上，靠床的沿壁，挂着一幅朋汉·马群展览会的复制画，一盏煤气灯散发出幽暗、淡淡的光亮。

林肯躺着就将去世的时候，陆军部长斯坦顿说："躺在那里的，是世界上最完美的元首。"

林肯待人成功的秘诀是什么？我曾费了10年左右的时间，研究林肯的一生，同时我整整费了3年的时间，撰著了一部有关他的书，我替这部书取名叫"人们对林肯尚未清楚的一面"。

我相信我详尽的研究有关于林肯的人格，和他的家庭生活，已到任何人所能做到的极限。我又找出有关林肯待人的方法，作特殊的研究。林肯是否有放任批评过人？是的，当他年轻的时候，在印第安纳州的鸽溪谷，他不但批评，而且还写信作诗去讥笑人，他把写好的东西，扔到一定会给人捡到的街路上，其中有一封信，引起人们对他终身的厌恶感。

林肯在伊利诺伊州的春田镇，挂牌做了律师后，他还在报纸上发表他

第五课 [批评他人不伤感情的口才法则]

的文稿，公开攻击敌对他的人，但是像这样的事他只做了一次。

1842年秋季，林肯讥笑一个自大好斗的爱尔兰政客，这人叫"西尔滋"。林肯在春田的报上，刊登出一封匿名的信讽刺他，使全镇的人轰然大笑。西尔滋平时敏感而自豪，这件事激起他心头盛怒。当他查出是谁写这封信时，跳上马，立即去找林肯，要和他作一次决斗。

林肯平时不愿意打架，反对决斗，可是为了自己的面子又不能避免。他的对手西尔滋让他自己选用武器。林肯两条手臂特别长，就选用了马队用的大刀，他同一位西点军校毕业生学习刀战。到了指定的日期，他和西尔滋在密西西比河的河滩上，准备一战生死，就在最后一分钟，他们两方的朋友出面，才阻止了这场决斗。

这对林肯来讲，是件最惊人、恐怖的事。可是这件事在林肯待人的艺术上，却给了他一个极宝贵的教训。从那以后他永远不再写凌辱人的信，永远不再讥笑人家。从那时候开始，他几乎从不为任何事而批评任何人。

卡耐基口才金言

> 尖锐的批评犹如凌冽的寒风，让人面冷心寒，让人接受你的批评自然可知了。记住，永远不要轻易批评他人，更不要以尖锐的话语去批评他人。

不要评议人，免得为人所评议

美国内战的时候，林肯屡次委派新将领，统率"波托麦克"军队，可是一个一个都遭到沉痛的惨败，使林肯怀着失望而沉重的心情，单独一个人在屋子里踱步。全国几乎有半数的人，哗然指责这些不能胜任的将领，可是林肯保持着他平和的态度。他最喜欢的一句格言，那是——"不要评议人，免得为人所评议"。

当林肯的妻子和有些人，刻薄地谈论南方人时，林肯总是这样回答："不要批评他们，我们在相同的情形下，也会像他们一样。"

可是，如果有人有机会批评的话，那就是林肯了，我们看下面这个例证：

1863年7月4日的晚上，南方李将军开始向南边撤退。当时全国雨水泛滥成灾，那时李将军带领败军到达波托麦克时，看到前面河水暴涨使他们无法过去，而胜利的联军就在后面。李将军和他的军队，进退维谷，处于围困中。

林肯知道这正是个极好的机会，把李将军的军队俘虏，立即可以结束这场战争。林肯满怀着希望，他命令弥特，不必召开军事会议，而立即进袭李的军队。林肯先用电报发出命令，然后派出特使要弥特立即采取行动。

可是这位弥特将军，又如何处理呢？弥特所采取的行动，却跟林肯的命令相反。他召开了一个军事会议，违反了林肯的命令，还迟疑不决地延宕下去。弥特用了各种借口复电，实际上是拒绝进袭李将军。最后河水降退，李将军和他的军队就这样逃过了波托麦克。

"弥特这样做是什么用意？"林肯知道这件事后，震怒至极。林肯向他儿子大声说："老天爷，这是什么意思……李军已在我们掌握中了，只要一伸手，他们就是我们的了……在那种情形下，任何将领都能带兵把李将军打败，如果我自己去也已经把他捉住了。"

在沉痛失望之下，林肯写了封信给弥特。林肯在他一生的这段时间中，是极端的保守，用字非常拘谨的，所以在1863年里头，这封信出自林肯手笔，该是最严厉的批评了。林肯这封信的内容，是这样的——

第五课 [批评他人不伤感情的口才法则]

亲爱的将军：

我不相信你能领会出，由于李将军的脱走，所引起的不幸事件和重大的关系。他已是在我们的掌握中，如果将他捕获，再加上最近我们其他地方的胜利，立即可以结束这场战争。

可是照现在的情形来推断，战事将会无限期地延长下去。上星期一你不能顺利地袭击李军，你又如何能再向他袭击……我不期望你现在会有多大的成功，因为你已让黄金般珍贵的机会消失掉了，这使我感到无限沉痛。

据你的猜想，当弥特看到这封信后，他将会如何呢？

可是弥特从没有看到那封信，原因是林肯并没有把这封信寄出去。这封信是在林肯去世后，从他的文件中发现的。

我有这样的想法——这只是我的猜想。林肯写了这封信后，望着窗外喃喃自语：

"慢着，或许我不能这样匆忙，我坐在这宁静的白宫里，命令弥特进攻，那是一桩很轻而易举的事，可是如果我到了吉地司伯，我也看到弥特上星期所看到的那么多血，我的耳朵也听到死伤者的呼叫、呻吟，也许我也不会急于要向李军进攻……如果我也有跟弥特一样懦弱的个性，或许我所做的，会跟他做的完全一样。

"现在木已成舟，无法挽回了，如果我发出这封信，固然解除了我心里的不愉快，可是弥特也会替他自己辩护。在那种情形下，他会谴责我，引起他对我的恶感，而且会损伤他以后做司令官的威信，甚至还会逼他辞去军队的职务。"

最终，林肯没有把信发出，就放在一边了。因为林肯从苦痛的经验中知道，尖锐的批评、斥责、永远不会有效果的。

罗斯福总统曾经这样说过，当他任职总统，遇到难以解决的问题时，他会把坐椅往后面一靠，仰起头，朝着写字台壁上，那幅很大的林肯画像看去。他这样问自己:"如果林肯处在我眼前这种困难下,他将会如何?他将如何去解决这个问题?"

以后我们如果想要批评人家时,让我们从口袋拿出一张5元的钞票来,看看钞票上林肯的像,这样问自己:"如果林肯遭遇到这类的事,他将如何去处置呢?"

卡耐基口才金言

没有人愿意听无缘无故的批评,盛怒之下批评他人会使事情变得难以收拾。批评他人之前不妨冷静思考几分钟。

把握原则,批评才能不伤人

如果你准备批评别人,要注意以下五个方面的原则。

1. 注意场合

批评时应考虑时间、场合和机会。假设一位管理者带着部下到顾客那里去访问,当管理者发现部下在言谈举止上存在问题时,就不能当着顾客的面提出批评。这时候,最重要的还是要用高明的谈话技巧,把部下的缺点掩饰过去。当没有旁人的时候,在车上或回程的路上对部下提出批评,是绝妙的时机。

2. 对事不对人

有人批评人时总是说:"从你做的这件事就能看出你这个人怎样。"这是批评之大忌。批评时,只能针对事情,而不能针对个人的人格、品

第五课 [批评他人不伤感情的口才法则]

性，拿事来说人。

比如你可以这样说："比尔，根据往常的经验我知道，你不至于犯这种错误，是否有什么原因使你这次没有作好充分准备？"这种气氛有助于使对方认识到你不是在攻击他的人品，不是批评他这个人，而是批评他的某项工作或某件事情。你把批评指向他具体的工作，就无损于他的整个自我形象。这种批评建立在友好的气氛中，使对方感到无拘无束，欣然接受。用这种方法，在指出他人错误的同时实际上夸奖了他，使他得以重新树立自我形象。

3. 先赞扬，后忠告

批评的最终目的不是要把对方压垮，不是整人，而是为了帮助他成长；不是去伤害他的感情，而是帮他把工作做得更好。

有的成功人士之所以善于运用批评，就是他们能采取先扬后抑的方式。比如："小张，你的调查报告写得不错，你肯定下了不少工夫。同时，还有一个重要的问题你要注意涉及……""小李，自从你调到这个单位来之后，你表现不错，对你取得的成绩，我非常赞赏。就是有一点我觉得可以做得更好，我也相信你一定愿意改正的……"如果对方需要得到忠告批评，要从赞扬其优点开始。这种方式就好像外科医生手术前用麻醉药一样，病人虽然有不舒服的感觉，但麻醉药却能消除痛苦。

从赞扬开始，以忠告结束批评，问题也解决了，感情也没受到伤害，真是奇妙的方法。

4. 缩小批评的范围

人们犯错时，受不了的是大家对他群起而攻之，因为这伤害了他的自尊，他也许会承认错误，但无法接受这种批评方式，这将使他对领导、对同事充满敌意，一旦有机会，将以牙还牙。

如果我们希望自己的批评取得效果，就绝不能使别人反对自己。我们的目标是取得一些好的效果，或者使对方回到正确的轨道上来，而不是去贬低他的人格。即使你的动机是高尚的，是真心诚意的，也要记住，对方的感觉也在起作用。当其他人在场时，哪怕是最温和的方式也可能引起被批评者的怨恨，不论是否辩解，他已感到他在同事或朋友面前丢了面子。对于一些过失，只要他认识到错了，就没有必要当着众人的面要求他作出公开检讨，而只要在你的办公室里面对面跟他谈，就足以使他反省了。任何具有上进心的人都不愿犯错误，从他个人角度来说也是如此，何况我们的目的只是为了让他改进工作，而不是贬低他的人格。

5. 不要新账旧账一起算

话说三遍淡如水。要想对一个已知的过错引起注意，一次提醒就足够了，批评两次完全没有必要，而三次就成了纠缠。如果你被引发提起过去不愉快的事，或改头换面地重谈过去已犯的错误——揭人疮疤，会令人不舒服。除非他又重犯类似的错误，否则，无缘无故地挑刺儿，他就会认为你对他抱有成见，或者别有用心。要记住批评目标：使这方面的工作得以改进，顺利地完成任务。一旦这种错误得到纠正和解决，就忘掉它。一次批评，一次提高。当对方接受批评，取得了一定的进步时，他就已经在新的起跑线上。

批评不是存款，时间越久，利息越多。总是翻阅别人的老账，唠叨个没完，于做事没有丝毫的帮助。批评别人时，宜"就事论事"，不要新账旧账一起算。在交谈结束时，说几句"我相信你会从中吸取经验教训的"诸如此类勉励的话，就会让人觉得这不是有意打击，而是变失败为成功之母，不失为一次有益的经验。这样想过之后，他会鼓起精神，更加踏实地投入工作。

卡耐基口才金言

> 批评的话难免伤人，不要随随便便地批评他人，更不要不分轻重地批评他人，分清场合，把握分寸，照顾他人的脸面，才是批评的准则。

第五课 [批评他人不伤感情的口才法则]

批评时究竟说什么才好

怎样才能做到批评使人口服心服？批评时该说些什么？又该怎么说呢？这就涉及批评的内容。

以下是批评的内容。

1. 批评要有针对性

批评之前要认清批评是针对哪一种行为的，不要把话说得太笼统，避免使对方无端受到冤枉或产生猜疑。如某大学的一名班干部批评一位同学，可有两种说法：

①你怎么一点也不关心集体。

②你已经有两个月没做值日生了。

我们可以比较一下，这两个都是批评的句子。

①句说得太笼统，而且把对方说得一无是处，全盘否定人。说话笼统，也就不够确切了。如对方反驳，就会引起新的矛盾。

②句就比较好，没有用"一点也"这样绝对的话，就事论事，向对方指出一件确有其事，又是不应该的行为。受批评的人不认为是受了不公平的攻击，就容易心平气和地接受意见。

2. 衡量改正的可能性

如果在公共汽车上有人踩了你一脚，如果你的未满10岁的女儿把饭碗打破了，这些事应不应批评？这些事都不能动辄批评。别人踩了你，是因为公共汽车太拥挤；女儿打破碗是因为不小心，对这些都应采取宽容、安慰的办法。

认清了要批评的那件事，在批评之前还必须衡量一下对方是否有能力、有条件改正到你所要求的程度。

3. 指出"错"时，也指明"对"

大多数的批评者是把重点放在指出对方"错"的地方，但却不能清楚指明"对"的应怎么做。必须仔细想过后，才能明白你究竟要对方怎样做，该怎么把话说出来。有的人批评人家说："你非这样不可吗？"这是一句废话，因为没有实际内容，只是纯粹表示个人不满意。又如，一位丈夫埋怨妻子说："家里一团糟，又有客人要来，你怎么只管坐在那儿化妆？"这种话也不会起作用，它只说了一半。到底期望妻子怎样做，一句也没有提。应该这样说："客人要来了，你帮我去买点青菜和水果，然后将客厅里的报纸收拾一下，好吗？"

说明要求人应做的事，其实是指示对方改正的方向，让对方从另一个角度来接受批评的内容。

另外，为提高批评的效率，应该"不说我们不满意的，只说我们赞成的"，这样可以起到积极的作用。

"真正懂得批评的人着重的是'正'，而不是'误'。"这是英国18世纪著名评论家约瑟·亚迪森的名言。

4. "你懂得我的意思吗？"

批评人的话语，一定要让受批评者听懂，否则只是对牛弹琴。常常听到夫妻俩之间的埋怨："我们俩总合不到一块儿。"这句最普通的埋怨话，可能被对方误认为是要"离婚"。

如果要求证对方是否听懂你的意思，最简便的方式就是问一问："你懂我的意思吗？"然后听听对方口中说出来的是否是你的本意。可惜大多

第五课 [批评他人不伤感情的口才法则]

数人忽略了这一点。问一问对方是否同意你的看法,也是批评别人时可以采取的沟通方式之一。能开口问,起码排除了对方沉默、生闷气的可能,如能坦然地提出异议,解决问题就有希望了。因为能明白对方还有哪些问题未想通,或自己有什么讲得不准确的,可以作更深一层次的探讨。

卡耐基口才金言

> 是批评就会给你带来不愉快。批评的话一经出口,就难以收回,批评前哪些话能说,哪些话不能说,都要细加斟酌,慎重开口。

换个说法批评会更好

我们经常需要向别人表达一些不太好说的意思,比如请求、谈判、批评等。这些话之所以不容易说出口,是因为人类具有自尊心,谁都不愿意遭到拒绝、反驳和冷遇。一般人内心深处都有自高自大的想法,都认为自己应该是最好的,一旦现实与心愿不符合,不可一世的自尊就会受到挫伤,从而转变成伤悲、仇恨、鄙视、嫉妒等恶劣的情绪,并且早晚会表现出来。

因此,有些话说不好,就会得罪人,为自己招徕麻烦。

好在语言具有多样化的特点,一样的意思可以用多样的话说出来,而斤斤计较的人听到用不同的说法讲出的同样意思,也会有不同的反应。这种情况使智慧的说话方式大有用武之地,也向我们证明:人类作为高等动物所独有的自尊心,是多么愚蠢的一种心理,因为智者利用这种幼稚的心理可以把人玩弄于股掌之上。

比如，你要批评一个人所写的文章，如果直言不讳，显然会令他难堪。但是，你可以换个说法，找出他的文章中一些可取之处，先满足他的自尊心，待他兴高采烈，视你为知音的时候，再把批评化建议提出来，这样他会心悦诚服地接受你的意见，还对你很钦佩。你可以这样说："我一看开头就想看下去，我发现你一贯擅长把开头写得引人注目，勾起人的好奇心。要是结尾不是这样写，而是换一种思路，可能就更能与开头相呼应了，你说呢？"

既然没有触及他的自尊心，那么他当然会冷静虚心地考虑你的意见。

说什么固然重要，但怎么说更为关键，人的情绪常常蒙蔽了人的眼睛，使他看不透语言背后的语言，而只能浅薄地从对方的用语上来理解。

因此完全可以表面上说他爱听的话，而把真正意图隐藏在这些话里，也就是"话里有话"，让他心甘情愿地跟着你的思路走。

一位顾客进了一家地毯商店，看上了一款地毯。

顾客问道："这种地毯多少钱？"

店老板立即热情地接待了他，回答道："每平方米24元8角。"

顾客听完这句话，什么都没说就走了。显然，他觉得价格有点高。

店老板的一位朋友在旁观察，他说："你的推销方式太陈旧了，应该换一种方式。"于是他试着以营业员的口吻说："先生，这地毯不贵。让您的卧室铺上地毯，每天1角钱就够了。"

老板大为不解，这位朋友忙解释道："假设卧室地毯需要10平方米的话，要248元；地毯寿命为5年，计1800多天，每天不就是1角多钱吗？一支香烟钱都不到。"

老板一拍大腿，恍然大悟地说："高！你这一招一定灵。"

果然，换一种表达方式，商店的生意就好多了。

第五课 [批评他人不伤感情的口才法则]

卡耐基口才金言

> 批评不一定要直截了当，言辞尖锐，如果换一种说法，旁敲侧击，从侧面点化，这样就会产生既批评了人，又能让人高高兴兴地接受的理想效果。

 ## 忠言不要逆耳，直话要婉说

忠告对于帮助他人和建立真诚的人际关系，起着难以替代的重要作用。反过来讲，不能给予他人忠告的人不是真诚的人，这种人不会将自己的真实感受告诉对方。也就是说，不关心别人的人不会给予他人忠告，不被关心的人也同样得不到忠告。因此，我们应该欢迎忠告，更应该给人以忠告。

尽管如此，为什么一般人都讨厌忠告，忠告为何听起来总不顺耳呢？

究其原因，就在于一般人容易受感情支配，即使内心有理性的认识，仍易受反感情绪的影响而难以听进理性的忠言。仅有为别人着想的良好愿望还不行，忠告也需要技巧，否则就会收到反效果。如果我们注意忠告的三个要素，我们的忠告就会被人接受，忠言也就顺耳起来了。

首先，要谨慎行事。说到底，忠告是为了对方，为对方好是根本出发点。因此，要让对方明白你的一番好意，就必须谨慎行事，不可疏忽大意，草率行事。此外，讲话时态度一定要谦和诚恳，用语不能激烈，也不必过于委婉，否则对方就会产生受教训的反感情绪。

其次,选择恰当时机。原则上讲,提出忠告时,最好以一对一,避开耳目,千万不要当着他人的面向对方提出忠告。因为这样做,对方就会受自尊心驱使而产生抵触情绪。

最后,不要比较。就是不要以事与事、人与人比较的方式提出忠告。因为此时的比较,往往是拿别人的长比对方的短,这样很容易伤害对方的自尊心。

人都有自尊和爱面子的心理,听到刺激性的话语总会产生拒绝心理。忠言也要顺耳,委婉的忠告比直言的规劝更有说服力,更容易让人接受,更能够打开对方的心扉。

人们常说良药苦口,忠言逆耳,但是,为什么良药就一定是苦的,忠言就一定是逆耳的呢?现代医学十分发达,许多良药如蜜糖、如水果,早已不苦口。语言科学发展至今,批评的忠言也可做到"顺耳",人人爱听。

卡耐基口才金言

委婉平和的话语总是让人听着顺耳,那么,在向人提出意见相左的忠告时,为什么不这样做呢?

批评他人要做到态度真诚

与人共事,不可能那么一帆风顺,总会有别人出错时需要你提出批评指示。这时,你若批评指正不当不仅会达不到目的,弄不好还会产生副作用。

第五课 [批评他人不伤感情的口才法则]

有一个爱好摄影的人,拿了一叠他自己的摄影作品去拜访一位摄影家,请他批评指正。摄影家把他的作品看了一遍,很热心地告诉他哪一张曝光时间长了一些,哪一张光圈小了一些,哪一张取景需要变换角度……当这位摄影家正在指正的时候,来请教的人总是找一番理由来为自己辩护。不是说当时天气不佳,就是说取景时找不到合适的立足之地等等,如此,啰唆了半天。

当那个摄影爱好者走了以后,摄影家觉得又好气又好笑。他说:"我真傻,何必说那么多的话呢。"

其实这种结果是完全能想象得到的,现在的有些青年人就不愿意虚心接受批评。

几年前,史密斯先生的侄女约瑟芬离开她在美国加州的家,到纽约去做史密斯先生的秘书,那时她才19岁,刚高中毕业,对于商业常识和生意上的事一点儿也不了解。然而,她待人做事,却颇为老练。有一段时间,她经常犯一些错误。有一次,史密斯先生真想批评她几句,但再一想,她年纪轻,阅历浅,不可太苛求,于是改用和颜悦色的方法对她说:"现在你做错了事,自然是难免的,我在你这个年纪的时候,做的错事比你多得多,所以我相信将来随着年龄的增长你一定会增长才干的,现在你照着这样做不是好多了吗?"先承认自己有错,然后再指出别人的错误,令人容易接受。

人们做错了事,或做了件吃亏的事,除非他自己主动告诉你时,才会坦白地承认错误,但如果是你主动指出他的错误,那么他一定找出种种理由加以辩解。你可以在周围的朋友或家人中试试看,无论是小疏忽或大错误,没有几个人能在别人指出后立即坦率地、不为自己解释地承认错误。所以,批评他人时,一定要讲究方法,态度要诚恳。

卡耐基口才金言

批评的话总是难免伤人脸面和情感，难以让人接受。因此，批评他人要做到态度真诚，语气要诚恳，这样才容易让人心悦诚服。

有效纠正他人错误的八大方法

人都免不了会犯这样那样的错误，且人们犯了错误都很难及时醒悟，甚至不愿承认。这样，就有必要有人对他人的错误及时给予纠正，而纠正他人的错误又是一种得罪人的事。

并不是每个人都乐意倾听、接受他人批评的。有的人做错了事，不但不会坦然地承认，反而还会找出种种理由为自己的错误辩护。从人的心理来看，即使是极小的疏忽或错误，也不可能每个人都能在一经指正之后就坦率地、不作解释地承认。但是，现实生活中，无论父子、兄弟、上下级、同事，还是知己、朋友，绝对不批评别人是不可能的，也是行不通的。

那么，在纠正他人的错误时应该采取什么样的易于为对方所接受的说话方式呢？以下方法可供参考：

第一，对人要具有极大的同情心，这样我们就不仅不会对人吹毛求疵，反而会对其产生错误的原因加以谅解。而且，我们要时刻想着自己与对方是友好的，而不是和他敌对的。

第五课 [批评他人不伤感情的口才法则]

第二,说话要温和委婉,不可用刺激的或使人听了不舒服的字眼。如果说话会令人无法忍受,那么即使对方嘴上承认,心里也是不会服气的。

第三,纠正他人错误的言语越少越好,最好能一两句就使对方明白,然后转至其他话题,不可啰唆不绝,使对方陷于窘境,甚至产生反感。

第四,别人做错了事情,我们对其不妥之处固然须加以指出,但对其可取之处更须加以极大地赞扬。这能使对方保持心理平衡,心悦诚服。

第五,改变他人的意见时,最好能设法将自己的意见不知不觉地移植给他,使他觉得是他自己改正了,而不是由于受了我们的批评。

第六,对于别人出现的不可挽回的过失,我们应该站在朋友的立场上,给予诚恳正确的指正,使他知过而改,而不能对其施以严厉的责问。

第七,纠正别人过错时,切忌采用命令式的口吻,最好采用请教式的语气。

第八,旁敲侧击,隐晦地指出别人的错误,以保留对方的自尊心,使他自觉地改正过失。

当然,纠正错误的方法还有可能是多种多样的,但都不外乎是讲究策略,只要我们做到了这一点,就能成功。

卡耐基口才金言

直言不讳地指出他人的错误,会损伤他人的面子,纠正他人的错误要注意方式和方法。

第六课

[让你处处出彩的幽默口才]

　　没有幽默的生活是单调的，不会幽默的人是难让人欣赏的。幽默是一种生活态度，它用机敏和睿智给人们带来快乐。社交场合离不开幽默的谈吐，它能使紧张的气氛顿时显得轻松活泼，它能让人感到说话人的温厚和善意，使其观点容易被人接受。

　　幽默是一个人为人处世的重要法宝之一，也是用来衡量一个人的口才乃至智慧的标准。如果你会幽默，那么你是一个幸运的人；如果你不会幽默，那么你至少要会去欣赏幽默。

幽默口才是个人智慧的展现

　　幽默是智慧的产物,能反映情绪智力的高低,能促进身心健康。幽默蕴藏着人生哲理、妙趣横生、妙语连珠的幽默,使人思想乐观、心情愉快、意志坚定、消除疲劳、注意力与记忆力集中。

　　有一天,著名诗人海涅正在伏案创作。突然,有人敲门,原来是仆人送来一个邮包。寄件人是海涅的朋友梅厄先生。海涅因紧张地写作而感到有些疲倦,又因被人打断写作思路而很不高兴。他不耐烦地打开邮包,里面包着层层纸张。他撕了一层又一层,终于拿出一张小小的纸条。小纸条上写着短短的几句话:"亲爱的海涅,我健康而又快活!衷心地致以问候。你的梅厄。"尽管海涅感到不耐烦,但是这个玩笑却逗得他十分快乐,疲倦感立刻消失。他调整情绪后,决定对他的朋友也开一个玩笑。几天后,梅厄先生收到了海涅的一个邮包。那邮包重得很,他无法把它拿回家。他雇了一个脚夫帮他扛回家去。到家后,梅厄打开了这令人纳闷的邮包。他惊奇地发现里面是一块大石头。石头上有一张便条,上面写着:"亲爱的梅厄,看了你的信,知道你又健康又快活,我心上的这块石头落了地。我把它寄给你,以永远纪念我对你的爱。"

　　幽默是拥有智慧的人类所特有的一种情感表达。不信你看人之外的生物,有哪一个是懂得笑的?

　　幽默是一个人的学识、才华、智慧、灵感在语言表达中的闪现,是一

第六课 [让你处处出彩的幽默口才]

种能抓住可笑或诙谐想象的能力。

一个人谈吐幽默，是同他的聪明才智紧密相连的。这就要求我们有良好的文化素养、丰富的文化知识。如果一个人对古今中外、天南地北、风土人情等各方面都有所了解，再加上有较强的驾驭语言的能力，那么说话就容易生动、活泼和谐趣。遍观那些著名的幽默大师，他们往往又都是语言大师。幽默并不是矫揉造作，而是自然的流露。有人深有感触地说："我本来无心讲笑话，笑语自然就从口里出来了。"其中的道理正说明了这一点。

幽默对于每一个人来说都是一种才能，一种财富，一种灵气，一种生命力，一种境界，一种风度。幽默需要有丰富的知识和高尚的思想修养，知识是幽默的源泉。

卡耐基口才金言

> 幽默是一个人智慧的外现。在不愉快的气氛笼罩下，幽默的言语可以显露一个人的机智、聪敏。

幽默的力量无处不在

幽默的力量无处不在，幽默的力量对你的生活确有实实在在的帮助。它帮助你以新的眼光看待周围的环境和个人的生活，帮助你正视并恰当地估计和应付那些困扰你的难题，帮助你同他人的关系充满温暖与和谐，帮助你把许多的不可能变为可能。

1. 帮你取得成功

获得工作上的成就和事业上的成功要具备很多条件，但幽默有助于你改善与他人的关系，促使你成功，则是一个不争的事实。

年轻有为的福特汽车公司总裁亨利，通过一系列的变革和创新，使每月亏损900万美元的公司一举扭转了被动的局面。有人针对他在改革过程中也做过一些错事而问他，"如果让你从头做起又将如何？"亨利爽朗地答道："我看不会有什么非同寻常的作为，人们都是在错误和失败中学到成功的，因此要我从头再来的话，我只能犯一些不同的错误。"

亨利幽默的语言，显示出他的坦率和诚恳，这也是他事业成功的重要原因之一。

2. 助你排忧解难

幽默，最重要的是帮助我们解除工作中的紧张状态，帮助我们解决生活中的难题。

在底特律的市郊，有一个颇具规模的化工厂。这个厂终年生产一种化学产品，烟囱里冒出的大量烟雾和灰尘，使临近的几家企业饱受烟和灰尘之苦。在一次化工厂加班生产的时候，隔壁一家工厂的厂主半开玩笑地说："他们生产这么忙，如何处理这些烟和灰尘呢？"化工厂的厂主也半开玩笑地说："我们打算将烟筒加高二分之一，与此同时，我还将向包装厂定制一个特大的塑料袋，并用直升飞机把袋子吊到烟囱的上空罩下来。"两位厂主各带幽默的话语，使他们互相取得了谅解，一道哈哈大笑起来，紧张的心情渐渐放松了。

3. 替你减轻痛苦

以轻松的态度面对自己，以严肃的态度面对人生。如果反其道为之，我们就有烦恼了。不成熟的个性常常在于视自己为人际交往中的核心，而

第六课 [让你处处出彩的幽默口才]

成熟则伴随着视自己和群体有合适的关系。要化痛苦为幽默，关键在于进入一种假定的没有生理痛苦的境界。有了这一点，一切不相干的东西会因一点相关而突然变得一致了。

当我们的社会通过幽默的能力而被深刻地认识，当每一位公民已被幽默所征服，我们也就置身在一种和谐的气氛中了。所以，试着用幽默的力量来释放自己，使你的精神超脱尘世的种种烦恼。用幽默来增加你的活力，使生活多一点情趣。

幽默的力量令人难忘，同时也给人以友爱与宽容，幽默可使自身乐观、豁达，不仅如此，幽默还能润滑现实中人与人之间的关系，超越用其他方法无法超越的限制。

幽默是一种力量，是一种以柔克刚的力量，一种在不知不觉中打动人和感动人的力量。它就像春天的和风，冬天的阳光，沙漠里的甘泉一样，带给人惬意和舒适的感觉。

卡耐基口才金言

> 幽默的力量无处不在。出色的幽默口才，是事业的催化剂，是情绪的调节剂，是生活的润滑剂。

你知道幽默有多少种吗

幽默是人的能力、意志、个性、兴趣的综合体现，它是社交的调料。

有了幽默，社交可以让人觉得醇香扑鼻，隽永甜美。它是引力强大的磁石，有了幽默的社交，便会把一颗颗散乱的心吸入它的磁场，让别人脸上绽开欢乐的笑容。它是智慧的火花，是智慧者灵感勃发的光辉；它是高级的逗笑品，幽默不一定会使你捧腹大笑，却能引起莞尔微笑。

就品种而言，幽默和笑一样丰富多彩，它有善意的、冷酷的、友好的、悲伤的、感人的、不动声色的、含沙射影的、不怀好意的、嘲弄的、挑逗的、和风细雨的、天真烂漫的、妙趣横生的，等等。但是不论揶揄也好，嘲笑也好，充满同情怜悯也好，荒诞古怪也好，其意趣必须是从内心涌出，更甚于从头脑涌出。只有这样，幽默才以一种生动感、生命感，标志出超卓的心智心力，抖展开心灵的温暖与光辉。

幽默可以分为以下几种类型，不同的人对幽默有各自的欣赏眼光。

1. 哲理性幽默

对哲学、宗教等方面有嗜好的人会对哲理性幽默反应强烈。他们往往能对自身弱势进行嘲笑。对这类幽默感兴趣的人并不是自虐狂，而是具有一种能坦率承认并欣赏自己的弱点，并能超越它们的开阔胸怀，是一种令人感到和蔼可亲的谦卑。

请看下面这则妙语：

纽约有一位市民请一位著名的经济学家给衰退、萧条、恐慌等词下个定义。

"这不难。"专家回答，"'衰退'时人们需要把腰带束紧。'萧条'时就很难买到扎裤子用的皮带。当人们没有裤子时，'恐慌'就开始了。"

2. 荒诞式幽默

荒诞式幽默是以一种出乎意料的独特方式摆脱理性而产生的完美的"蠢话"。这种幽默绝不会来自傻瓜的头脑，而是高度智慧的结晶。喜欢这种类型幽默的人理性思维较发达，追求精神的自由奔放。

第六课 [让你处处出彩的幽默口才]

一次,英国作家狄更斯正在钓鱼,一个陌生人走到他跟前问:"先生,您钓鱼?"

"是的,"狄更斯毫不迟疑地答,"今天,我钓了半天,没见一条鱼;可是在昨天,也是在这个地方,却钓起了15条鱼!"

"是吗?"陌生人问,"那您知道我是谁吗?我是专门巡检偷偷钓鱼的,这带湖口禁止钓鱼!"

说着,那陌生人从口袋里掏出一本罚单,要记下名字罚狄更斯的款。见此情景,狄更斯忙反问道:"那么,你知道我是谁吗?"

当那陌生人还在惊讶迷惑之际,狄更斯直言不讳地说:"我是作家狄更斯,你不能罚我的款,因为虚构故事是我的职业。"

3. 社会讽刺式幽默

社会讽刺式幽默这是对社会风气、对人性某些灰暗面的嘲讽。酷爱这类幽默的人是在以一种半超然半冷漠的态度对待世界。这种幽默的欣赏者往往以一种更开阔的视野,即所谓"上帝的眼光"来看待自己与人类自身,成为自己与人类命运自由而超然的观察者。

1717年,伏尔泰因为讥讽摄政王奥尔良公爵,被囚禁在巴士底狱11个月之久。出狱后,吃够了苦头的哲学家知道此人冒犯不得,便去请他宽宏大量,不计前嫌。摄政王深知伏尔泰的影响,也急于同他化干戈为玉帛。于是两人都讲了许多恰到好处的抱歉之辞。最后伏尔泰再一次表示感谢说:"陛下,您真是助人为乐,为我解决了这么长时间的食宿问题,我衷心地再次向您表示感谢。可今后,您就不必再为这件事替我操心啦。"

4. 插科打诨式的幽默

插科打诨式的幽默这是轻松的自我娱乐。对于那些刚开始体会推理之味、对世事涉足不深的年轻人来说,可能对此会兴趣盎然。

马克·吐温一天在美国里士满城抱怨自己的头痛。当地的一个人却对他说:"这可能是你在里士满城吃的食品和呼吸空气的缘故,再也没有比里士满城更卫生的城市了,我们的死亡率现在降低到每天一个人了。"

马克·吐温立即对那人说:"请你马上到报馆去一趟,看看今天该死的那个人死了没有?"

幽默的形式和品种异彩纷呈,百花争妍,表明人类的幽默艺术经久不衰,生命力旺盛。

卡耐基口才金言

当我们为幽默的奇光异彩所吸引时,应该看到:一如世上绝大多数事物一样,幽默也有不同品格,有的高贵文雅,启人心智;有的低级庸俗,贻害青年。对发挥幽默力量者而言,理性的判断是必要的。

幽默谈吐的功效

幽默风趣的口才,无论是在日常生活中,还是在重大的社交场合,都是离不开的。说话的幽默是指我们在谈吐中,利用语言条件,对事物表现诙谐、风趣的情趣。幽默的谈话不仅能吸引听者的注意力,而且还能与听者建立起亲密的关系。要是你的话能使听者情不自禁地笑了起来,就表明听者已经完全进入了与你的思想交流之中。所以说幽默的谈吐是口才的标志之一。

英国有一位美貌风流的女演员,曾写信向萧伯纳求婚,并表示她不嫌萧伯纳年迈丑陋。她在信里写道:"咱们的后代有你的智慧和我的外貌,

第六课 [让你处处出彩的幽默口才]

那一定是十全十美的了。"

萧伯纳给她回了一封信，说她的想象很美妙，"可是，假如生下的孩子外貌像我，而智慧又像你，那又该怎样呢？"

萧伯纳这位大师，把深邃的哲理寓于幽默的谈吐之中。可以这么说，在生活中，谁都喜欢跟那些谈吐幽默、机智风趣的人交谈，而好口才的人，差不多都有这样诙谐的语言，具有极强的幽默感。

英国作家哈兹里特曾把幽默在谈吐中的作用，比作是炒菜中的调味品，这是很恰当的。它说明：幽默在谈话中是绝不可缺少的。尽管你的说话有许多实在的内容，假如没有幽默，就没有味道，也缺少魅力，然而幽默能使听者对你说的话感兴趣，但它并非食物，因此很少能从根本上改变听者的态度。所以，我们对幽默的作用，既不要小看，也不宜估计过高。

幽默在谈吐中的作用是很多的，主要可以分为以下几个方面。

1. 调节气氛，缩短距离

善说者一席幽默的话语，往往既活跃了气氛，又把与听者之间的距离缩短。因此，无数事例可以证明，风趣幽默是说者和听者建立融洽关系的有效途径与手段。

2. 脱离困难，消除尴尬

幽默的谈吐常常能使局促、尴尬的场面变得轻松和缓，使双方摆脱困境，也消除了尴尬。

美国著名小说家马克·吐温有一次去某小城。临行前，别人告诉他，那里的蚊子特别厉害。到了那个小城，正当他在旅店登记房间时，一只蚊子正好在马克·吐温面前盘旋。那个职员面露尴尬之色，忙驱赶蚊子。

马克·吐温却满不在乎地对职员说："贵地的蚊子比传说中的不知聪明多少倍。它竟会预先看好我的房间号码，以便夜晚光顾，饱餐一顿。"

大家听了不禁哈哈大笑。结果这一夜马克·吐温睡得十分香甜。原来，旅馆的职员听了马克·吐温的讲话，全体职工一齐出动，想方设法不让这位博得众人喜爱的作家被"聪明的蚊子"叮咬。

3. 评判是非，领悟哲理

幽默在说话中将人的智慧和语言技巧巧妙地结合起来，揭示出事物的深刻含义，富有哲理，含不尽之意于言外，使人在含笑中评判是非，领悟哲理，增长智慧。

一位年轻的画家拜访德国著名的画家阿道夫·门采尔，向他诉苦说："我真不明白，为什么我画一幅画只用一会儿工夫，可卖出去却要整整1年。"

"请倒过来试试吧，亲爱的。"门采尔认真地说，"要是你花1年的工夫去画它，那么只用一天，就准能卖掉它。"

门采尔的幽默话语，的确含不尽之意于言外，使人在含笑中评判是非，增长智慧。

4. 宽松精神，感受美感

幽默可以给你带来笑声、快乐，驱散烦恼和压力。长期的繁忙工作，必然会使人的大脑容易产生疲劳。如果我们的生活多点笑声，多点幽默，就会消除人们的烦躁心理，保持情绪的平衡。说话，在某种程度上，具有一定的娱乐性。它不应该让人感到紧张、费力，而应给人一种舒适轻松之感。

卡耐基口才金言

> 没有幽默的语言是一篇公文，没有幽默感的人是一尊塑像。幽默的谈吐不仅能提升自己的吸引力，而且还能活化气氛，与听者建立起亲密的关系。

第六课 [让你处处出彩的幽默口才]

 **幽默也需要掌握点技巧**

有人天生就是幽默的,他永远懂得怎么让事情的发展变得更有趣,但也有一些人是后天习得的幽默态度。下面就具体讨论一下有关幽默的一些方法和技巧。

1. 对比

对比是产生幽默的基本手法。对比是指把两种(或两种以上)互不相干(甚至是完全相反)的,彼此之间没有历史的或约定俗成联系的事物放在一起对照比较,以揭示其差异,即不协调因素。在幽默中,对比双方的差异越明显,对比的时机和媒介选择越恰当,对比所造成的不谐调程度就越强烈,观赏者对对比双方差异性的领会就越深刻,此时对比所造成的幽默意境也就越耐人寻味。

2. 移植

移植是幽默的主要技巧手段之一,即把在某种场合中显得十分自然、和谐的情节或语言移至另一种迥然不同的场合中去,使之与新环境构成超出人们正常设想和合理预想的种种矛盾,从而产生幽默的效果。移植包括情节移植和语言移植。情节移植以违背人们的正常思维逻辑为前提。

3. 颠倒

颠倒是构成幽默的矛盾冲突的主要技巧手段之一,即在一定的条件下改换人物本末、先后、大小、尊卑等关系,从而创造出具有浓郁幽默情趣的喜剧性场面。有时,词序的改换也能产生同样的幽默效果。人物关系的颠倒可以表现为父子、夫妻、长幼、男女、主仆等内容的错位,形成与人们沿习的传统观念相悖的新关系,具有极大的荒谬性和戏剧性,以致出现风趣幽默的情节和结局。

4. 谐音双关

谐音双关是幽默语言交叉技巧中常用的一种修辞格式,即利用词语的同音或近音条件构成双重意义,使字面含义和实际含义产生不谐调交叉。谐音双关以语音为纽带,将两个毫不相干的词义联系在一起,使观赏者通过联想领悟说话者的幽默感。

卡耐基口才金言

研究和掌握一些幽默技巧和窍门,在与人交谈时能让你做到即兴发挥,幽默信手拈来,增加交谈和沟通效果。

理儿不歪,幽默不来

矛盾、奇巧、意外、反常、失败、错乱是幽默的必然属性,这正如:理儿不歪,幽默不来。

幽默不会产生于平庸与苍白之中,而是来自于意想不到、离谱出奇的精彩。著名的幽默大师诺曼·霍兰德认为:"幽默的最大特点是不协调

第六课 [让你处处出彩的幽默口才]

性。"这是很有道理的。

某企业主想请某主教为其作一则广告。但他没有把话完全说明白,只是说请他去说教。

企业主首次出价10万元。

主教只是摇头,而不说话。

"30万。"企业主一下把价格提高到原来的3倍。主教依然摇头不语。

"50万!"主教的头摇得更厉害了。

这时,一位神职人员走上前去,低声对主教说:"主教大人,50万元可以办许多的事情啊!你为什么还不愿意呢?"

主教回答说:"你知道他要我讲教完后说什么吗?他要我不说'阿门',而说'可乐'。"

企业主的要求很离谱,一个主教怎么能以商品广告来代替严肃的教语呢?正是这种不协调性产生了幽默。

奇异也可以产生幽默。新奇意外的表达可给人一种意想不到的感觉,让人倍感突兀,幽默也由此产生。

有3位朋友同住在一幢摩天大楼的45层楼。一天晚上电梯坏了,他们不愿意另换住处,于是一起爬楼。为了消除疲劳,其中一个人不断地讲笑话。好不容易爬到了43层,大家早已疲惫不堪,于是决定休息一下。一直讲话的人对另一个人说:"现在轮到你了,彼得。由你讲一个长一点的故事,情节要有趣味,最后来个使人伤心的结局。"

于是彼得开口了:"故事不长,却让人伤心极了,因为我把房间钥匙落在了一楼大厅里。"

这个故事的结尾让人倍感意外,因而幽默意味油然而生。

人类的思维方式一般是恒定的,如果不守常规,一味反常,就会产生不协调感。不协调感可产生笑话,反常也可产生幽默。

卡耐基口才金言

说出别人想不到的语言，表达别人想不到的含义，是幽默的宗旨所在。

故作精细"幽"一把

生活中有些模糊之处，本不需要精细，比如每天吃多少粒米饭，每天走多少步等，这些事情要是也精细统计起来，就显得十分可笑了。故作精细就是在无须精确计算之处，却用非常精确的数字表达，或者应该模糊之处却做了精确划分。

有一个从未管过自己孩子的统计学家，在妻子要外出买东西时，勉强答应照看一下4个年幼好动的孩子。当妻子回家时，他交给妻子一张纸条，上面写着：

"擦眼泪11次；系鞋带15次；给每个孩子吹玩具气球各5次；每个气球的平均寿命10秒钟；警告孩子不要横穿马路26次；孩子坚持要穿过马路26次；我还想再过这样的星期六0次。"

统计学家很精确，因为不精确，他的科学研究就无法进行。可是"精确"成了他的习惯动作，成了他的职业病，所以，即使是在看小孩子这样的"非科研问题"上，也要进行精确统计，这不仅不协调，也十分可笑。

比尔违反制度，上班时间去理发，恰巧被经理发现。

经理说："我看见你上班时间在理发。"

第六课　[让你处处出彩的幽默口才]

"是的，先生。"比尔平静地说，"可头发是在上班时间长的呀。"

"不全是这样。"经理说，"有些头发不是上班时间长的。"

"先生，您说得好。"比尔客气地说，"所以我只剪掉了上班时间长的那部分，而业余时间的还留在头上没剪掉呀！"

比尔平时肯定是个松松垮垮、很不严谨的人，但是他在这场论辩中却很严谨，很精细。经理的口才实在不高明。比尔说头发是在上班时间长的，本是一句诡辩，经理没有及时指出其谬误，反倒顺着谬误的思路走下去，说有些头发不是上班时间长的。这下可给比尔抓住了话柄，比尔以此推理，精细划分：有些头发是上班时间长的，那么另一些就是业余时间长的，而我只剪掉了上班时长的头发，业余时间长的都留着呢。

比尔把头发分为上班时间长的和业余时间长的，以此来为自己辩护，精细之中可见其论辩的智慧和幽默。

卡耐基口才金言

千万别死心眼、傻乎乎，越是敢于和善于胡说八道，越是惹人喜爱。

借语作桥找幽默

幽默形式灵活多样，幽默的材料未必要自己搜肠刮肚地去搜寻，有时可以就地取材，借语作桥。也就是在交谈中从另一方的话语中抓住一个词语，以此为过渡的桥梁，并用它组织成自己的一句对方不愿听的话，以此产生幽默效果。

过渡桥梁有一个特点，那就是两头相通，且要契合自然，一头与本来的话相通，另一头与所要引出的意思相通，并以天衣无缝为上。

马克·吐温有一次在邻居的图书室浏览书籍，发现有一本书很吸引人。他问邻居是否可以借阅。

邻居说："欢迎你随时来读，只要你在这里看。你知道我有个规矩，我的书不能离开这个房子。"

几个星期后，这位邻居来访马克·吐温，向他借用除草机。马克·吐温说："当然可以，但是按我的规矩，你得在这栋房子里使用它。"

马克·吐温的幽默感表现在借用对方的语词表述了与对方意愿相悖的意思。

借语作桥，不是寻找两头契合的词语，而是从对方的话头中看中一个词语，把它抽出来，这个词语要便于组成你自己的语句。这好像是小学生做造句练习，不过比小学生的造句练习多了一个要求，那就是造出来的句子意思不得与对方的愿望一致或相似，只能与对方的愿望相反。

英国作家理查德·萨维奇患了一场大病，幸亏医生医术高明，才使他转危为安。但欠下的医药费他却无法付清。最后医生登门催讨。

医生："你要知道，你是欠了我一条命的，我希望有价报偿。"

"这个明白。"萨维奇说："为了报答你，我将用我的生命来偿还。"说罢，他给医生递过去两卷本《理查德·萨维奇的一生》。

这比向对方表示拒绝或恳求缓期付款要有趣得多。其方法并不复杂，不过是接过对方的词语（生命），然后加以歪解，把"生命"变成"一生"。显然，两者在内涵上并不一致，但在概念上能挂上钩就成。

借语作桥法的功能很多，不一定都得用于斗智性的戏谑，也可用于一般性的调侃。其特点是抓住对方话头中的一个词语，构成一个无任何攻击

第六课　[让你处处出彩的幽默口才]

性的句子。

卡耐基口才金言

借语作桥在于接过话头以后，还要展开你想象的翅膀，敢于往脱离现实的地方想，往荒唐的、虚幻的地方想。

可正语反说，也可反语正说

幽默不一定都要用常规的话语表达，都要说正语，也可采用看似不合常理实则讽刺意味十足的反语。反语幽默是造成含蓄和耐人寻味的幽默意境的重要语言手段之一。简而言之，就是故意说反语，或正语反说，或反语正说。

我曾在纽约曼哈顿中心广场看到一则宣传戒烟的广告，上面完全没提到吸烟的害处，相反却列举了吸烟的四大好处：一省布料：因为吸烟的易患肺痨，导致驼背，身体萎缩，所以做衣服就不用那么多布料；二可防贼：抽烟的人常患气管炎，通宵咳嗽不止，贼以为主人未睡，便不敢行窃；三可防蚊：浓烈的烟雾熏得蚊子受不了，只得远远地避开；四永葆青春：不等年老便可去世。

这里说的吸烟的四大好处，实际上是吸烟的害处。这则广告很幽默，让人们从笑声中悟出其真正要说明的道理，即吸烟危害健康。

这就是所谓的正语反说，说出来的话，所表达的意思与字面意思完全相反。如字面上肯定，而意义上否定；或字面上否定，而意义上肯定。这也是产生幽默感的有效方法之一。

《镀金时代》是马克·吐温的杰作。当记者在小说发表之后采访他时，他答记者问时说："美国国会中，有些议员是狗养的。"此话一经发表，各地报刊杂志争相刊出，使美国国会议员暴怒，说他是人身攻击，正因不知哪些议员是狗养的，便人人自危。所以群起鼓噪，坚决要马克·吐温澄清事实并公开道歉，否则将以中伤罪起诉，求得法律手段保护。

几天后，在《纽约时报》上，马克·吐温刊登了一则致联邦议员的"道歉启示"："日前鄙人在酒会上答记者问时发言，说'美国国会中有些议员是狗养的'，事后有人向我兴师问罪。我考虑再三，觉得此话不恰当，而且不符合事实。故特此登报声明，我的话修改如下：'美国国会中有些议员不是狗养的。'"

这段"道歉启示"，只在原话上加上一个"不"字，前边说"有些是"，未指出是谁，因此人人自危；后改成"有些不是"，议员们都认为自己不是。于是，那些吵吵闹闹的议员们不再过问此事。

这里，马克·吐温采用正话反说、反话正说的手法，使本来对他怀有敌意的人们谅解了他，以他自己超人的智慧平息了这场风波。

卡耐基口才金言

反常的话语总是能够引起他人的关注，产生出乎意料的效果。幽默也可冷一点，正语反着说，反语正着说，庄重中暗含诙谐，滑稽中不乏严肃，幽默的效果由此产生。

第六课 [让你处处出彩的幽默口才]

 ## 幽默使你游刃于社交场

　　每个人都有自己的人生道路，也有自己的人生观念。为了表达自己的观点，就必须通过社会交往来进行表述，以获得社会的理解。而以幽默来面对人生，应当是一切人生观的出发点。

　　有生活经验的人都曾体会过以幽默面对人生困难的重要性。幽默几近于一种缓冲机制，它显然与对抗、失望和悲观无缘。幽默也近乎一种默契形式，它使人以友善、宽容、谅解和发展的眼光看问题。这样的生活观不等于回避现实，当然，也不排斥生活中有些问题可以一笑置之。以这样的人生态度潇洒处世、与人交往，会消除许多无谓的争端，因而结交到许许多多的人生同路人。

　　人在工作、学习、爱情、家庭生活中，如果有幽默做润滑剂，其效果确实妙不可言，它会给人一种激动心灵的力量，又使每个人向成功的目标步步靠近。同样，在社会交往中，在人与人的往来接触中，幽默的力量也是无穷的。

　　幽默是一种艺术，是运用你的幽默感来增进你与他人的关系，并改善你对自己真诚的评价的一种艺术。就像我们打开电灯开关，电力便沿着电线输送过来一样，按下我们幽默的按钮，一股特别的力量也会源源而来。我们可以把这股幽默的力量导向与他人直接沟通。

　　有了幽默，我们就可以学会以笑来代替苦恼。借着幽默力量，我们能让自己和他人居于痛苦之上。事实上，幽默力量的形成主要在于我们的情

绪，而不在于我们的理智。你的幽默力量是你以愉悦的方式表现出来的。它还能表达出你的真诚、大方和善良。

幽默可以化解冰霜，使我们获得益友。它可以使我们振奋，信心大增，使我们脱离许多不愉快的窘境。

不论你从事什么行业，身居何职，幽默力量都能助你一臂之力，使你的工作和事业更顺利地发展，使你的社会交往更为广阔。它能使你善于待人接物，广交朋友，帮助你解决人际关系的难题，教你学会如何摆脱使人窘迫的处境。尤其当你想以积极进取和乐观开朗的形象出现，想赢得人们的欢迎和信任时，当你想鼓励更多的人为实现目标而共同努力时，幽默的力量就能发挥更大的作用。

精神分析大师弗洛伊德讲过："最幽默的人，是最能适应的人。"的确，幽默能使我们在社交场合上应对自如，我们可以用幽默来化解各种各样的危机和困境。

卡耐基口才金言

幽默可以改善人际关系，消除紧张，解除人生压力，提高生活的品质。它可以把我们从自我中解放出来，使我们和他人轻松地相处。

善用幽默可以广交朋友

我们都需要朋友谈心、陪伴，以愉悦心情、解忧释烦。我们都需要

第六课 [让你处处出彩的幽默口才]

朋友帮忙，以相互取长补短、携手共进。大家都知道朋友的重要性，但是，在茫茫人海中，要找到志同道合的朋友就不是那么容易了。其实，知音难觅就难在交朋友的方式上了，而幽默交友不失为一种有效的交朋友的方法。陌生的朋友见面，如果幽默一点，气氛就会变得活跃，交流就会更顺畅。

很多人都有广交朋友的心，但是总苦于没有行之有效的方法，如果我们都能语言机智幽默，真诚待人，那么，总有一天会四海之内皆兄弟。

在一个狭窄的小巷里，两辆汽车相遇了。车停了下来，两位司机谁都不肯让路。对峙了一会儿，其中一位司机拿出一本小说津津有味地看了起来，另一位司机见状，伸出头来高声喊道："喂，老兄，看完后借我看看啊！"

一句话逗得看书的司机哈哈大笑，并主动倒车让路。之后两人冰释前嫌，互相交换了名片。原来两人的家离得很近，后来他们还成了好朋友。

突如其来的幽默让两个谁都不肯退一步的司机成为了好朋友，我们不得不佩服让路司机的幽默和大度。生活中像这样的小摩擦在所难免，这个时候如果激化矛盾，那么必定两败俱伤，更不可能交到朋友。但是，若能利用幽默的话语将矛盾的热度降到零点，那么敌意也能转变成友谊。

朋友间的幽默方式很多，往往更有默契，也更能令人开心。

法国作家小仲马的一个朋友剧本上演了，朋友邀请小仲马同去观看。小仲马坐在最前排，但总是回头数："一个，两个，三个……"

"你在干什么？"朋友问。

"我在替你数打瞌睡的人。"小仲马风趣地说。

后来，小仲马的《茶花女》公演了。这位朋友也被邀请观看。这次，轮到朋友回头找打瞌睡的人，好不容易找到一个，朋友说："今晚也有打瞌睡的人呀！"

小仲马看了看打瞌睡的人，说："你不认识这个人吗？他是上一次看你戏睡着的，至今还没醒呢！"

小仲马和朋友之间的幽默是建立在一种真诚的友谊基础上的，没有虚伪的客套，这样的幽默更能增进朋友间的友谊。可见，幽默在交朋友的过程中固然重要。但是，一切幽默要本着真诚的出发点，才能够让人感受到你的友好。

卡耐基口才金言

善幽默者必招人喜欢，人缘良好。掌握了幽默的交友技巧，你再不会苦于没有知心朋友，陌生人将会成为你的新朋友，新朋友将会成为你的老朋友。

幽默让你轻松面对人际关系

具有幽默感的人，在日常生活中都有比较好的人缘，他可在短期内缩短人际交往的距离，赢得对方的好感和信赖。缺乏幽默感的人，会在一定程度上影响交往，也会使自己在别人心目中的形象大打折扣。

当我们需要把别人的态度从否定变为肯定时，幽默力量具有说服效果，它几乎是一种有效的处方。幽默帮助你解决人际关系问题。当你希望成为一个克服障碍、赢得他人喜欢和信任的人时，千万别忽视这种神秘的力量。

有的人在与他人的合作中听不得半点"逆耳之言"，只要别人的言语

第六课 [让你处处出彩的幽默口才]

稍微有所不恭,不是大发雷霆就是极力辩解,其实这样做是不明智的。这不仅不能赢得他人的尊重,反而会让人觉得你不易相处。所以,在与人相处中只有始终保持愉快的心情,谦虚、随和、幽默,这样才能让你和别人的合作更加愉快。

乔治和他的两个好朋友去树林里伐树,但是他的体力比不过他的两位身强力壮的朋友。晚上休息时,他们的领队询问白天每个人伐树的成绩,有一个同伴答道:"杰克伐倒55株,我伐倒49株,乔治这个笨蛋只伐倒了15株。"

虽然朋友说的是玩笑话,但是对于乔治来说确实不怎么顺耳。就在乔治即将发怒的时候,他突然想到自己伐的树确实很少,简直和老鼠打窝时咬断树基一样,不禁笑着说:"你说的不对,我是用牙齿使劲咬断了15株树。"

故事中的乔治是一个善于控制自己情绪的人。他以幽默的方式心平气和地面对自己的不足和别人的攻击,体现了非凡的忍耐力和大度宽容的胸怀。

幽默不仅能解决矛盾的冲突,而且还是心灵沟通的艺术。人们凭借幽默的力量,打碎封闭自己的外壳,主动地与人交往,通过幽默使人们感受到你的坦白、诚恳与善意。

在严肃的交谈和例行公事般的来往中,人们互相之间往往有一种戴着假面具的感觉,人们都似乎只想让人了解自己的外表,却让别人无法探知自己的内心,这样的交流是极难深入下去的,而没有心灵沟通的社交,不能算是成功的社交。幽默可以让人们看到你的另一面,一个本质的、人性的、纯朴的一面,这是人性的共通之处。

轻松幽默的话题,往往能引起感情上的愉悦。庄重严肃的话题会使人紧张慎重。只要可能,最好能把庄重严肃的话题用轻松幽默的形式说出来,这样对方可能会更容易接受。

卡耐基口才金言

幽默是社交成功的法宝。运用幽默的力量，我们就能通过成功的社交，走上成功的道路。

以幽默获得他人的同情和谅解

有时，在工作中，在家庭中，或在与异性朋友的交往中，我们难免会遇到各种摩擦和碰撞，特别是会出现一些尴尬的事件。这时，就需要随机应变的幽默与机智来缓和气氛。比如说，要求对方把借你的东西归还，实在是件很困难的事情。如果太直截了当，就很容易伤了对方的感情。

这时，幽默就派上了大用场，如果你适时来一句幽默的话，既能够让对方明白的意图，将你的东西还给你，又能够不伤对方的脸面，维护了双方的友谊。

有时候夸大一点自己的缺点，能够消除自己的自卑感，以幽默获得别人的理解和同情，还能收到有趣的效果。

比如，英国有位很胖的作家常常这样回应朋友们对他的体重的担忧："我比任何男人都多3倍的仁慈，因为我在公共汽车上只要站起来让位，就能同时令3位女士受惠。"

坦诚开放地与人相处，有时能获取我们自己也会怀疑的安全感。通过幽默的力量，我们比较能承认这种不安全感，而不至于把它看得太严重。

第六课 [让你处处出彩的幽默口才]

然后我们能够消除疑虑，强化自我观念，扎稳人生的根基。而且我们无需担心会过于坦诚开放，因为我们能深信自己的缺点、背景以及过去和现在的环境，通过幽默的方式已经得到了大家的理解，并得到同情和尊重，这会比过去我们试图掩饰逃避来得好。

有一则关于伊利诺伊州参议员德克森的故事。

当德克森首次问鼎国会时，他听到对手在政见发表会上，对家世大做文章。这位对手的祖父是个将军，叔父是州立最高法院的法官。

轮到德克森发言了：

"各位女士，各位先生，"他开始说，"本人深感荣幸有这样的家世——我是从已婚者一脉相传、源远流长而来的。"

用幽默的方式表现原原本本的你，同样也能获得他人的认可和尊重。每个人都有自己的难言之隐，许多卓有成就的伟人，都向我们显示过，应该对个人的过去和成就如何应对，我们也可以学之一二。

卡耐基口才金言

当幽默帮助我们在情绪上坦诚开放时，我们和周围的人都会感到舒服。

幽默可化解人际交往的尴尬

在众人面前不小心打翻了酒杯，或者踩破了裙子，这些小事都会让我们觉得很丢脸很狼狈，从而陷入尴尬的境地。如果这时略施幽默技法来进行自我保护，便可以轻松摆脱窘境，变被动为主动。

在一次公司举行的宴会上，一位职员不小心将一杯酒洒在了公司管理者的秃头上，在场所有的人都惊呆了，这位职员也吓得面色苍白，场面异常尴尬。这时，只见管理者不慌不忙拿起毛巾，轻轻擦去秃头上的酒，爽朗地说道："你知道吗？其实葡萄酒对于治疗秃头效果并不明显。"

这种尴尬的时刻，一句幽默的话语显得多么重要。管理者的机智和幽默化解了所有人的担心，而且还给人留下聪明、大度、智慧的好印象，让人敬佩。

有幽默感的人往往思维敏捷、反应迅速，在复杂的环境中从容不迫，妙语连珠，常常凭借幽默的力量化险为夷。

约翰·亚当斯竞选美国总统期间，一位共和党人指控约翰·亚当斯曾经派遣竞选伙伴平克斯将军到英国去挑选四个美女做情妇，两个给平克斯，两个留给自己。约翰·亚当斯听后哈哈大笑，说道："假如这是真的，那平克斯将军肯定是瞒过了我，全都独吞了！"

在这里幽默的语言巧妙地化解了一场尴尬的局面，避免了不必要的冲突。

有一次，英国首相、陆军总司令丘吉尔去视察一个部队。天刚下过雨，他在临时搭起的台上演讲完毕下台阶的时候，由于路滑不小心摔了一个跟头。士兵们从未见过自己的总司令摔跟头，都哈哈大笑起来，陪同的军官惊慌失措，不知如何是好。丘吉尔微微一笑说："这比刚才的一番演说更能鼓舞士兵的斗志。"效果的确如邱吉尔所戏言的那样，士兵们对总司令的亲切感、认同感油然而生，他们必定会更坚定地听从总司令的命令，从而更英勇地去战斗。

幽默还可以回答自己不愿听的问题。

一位建筑师说话很慢，访问他的记者，一直担心时间不够用。万般无奈下记者只好说："比尔先生，时间不多了，能否请您说快点？"比尔听

第六课 [让你处处出彩的幽默口才]

后,慢慢掏出烟斗,然后点上,能多慢就多慢,并且懒懒地说:"不行,先生,不过,我可以少说点。"

用幽默化解困境,回答难题,维护自己的利益,捍卫自己的尊严,而又不伤对方的感情,达到良好的效果,这是别的手段难以媲美的。

罗伯特·斯蒂文森曾经说过:"一般掌握幽默力量的人,都有一种超群的人格,能自在地感受到自己的力量,独自应付任何困苦的窘境。"面对生活中的令人尴尬的事情,我们不妨用幽默去应付和化解它。

卡耐基口才金言

幽默是人际关系的润滑剂,能使激化的矛盾变得缓和,从而避免出现令人难堪的场面。幽默化解双方的对立情绪,使问题更好地被解决。

第七课

[增进交际巩固友谊的社交口才]

　　口才是一门艺术，说话是一种技巧。说话不掌握技巧，没有分寸，就会惹来不必要的麻烦，不仅伤害自己，也会困扰周围的人。相反，如果掌握了一定的原则，就会处处游刃有余，顺畅如意。

　　因此一定要掌握说话的技巧，才能正确地选择在某个场合该讲什么，不该讲什么，哪些话能够打动听众的心坎，能使听众产生共鸣，真正使谈话达到水乳交融的境地。

初次见面要学会推销自己

在社交场合中，互不相识的人第一次见面常常要进行自我介绍。自我介绍包括姓名、年龄、职业、住址、经历及特长等几个方面的介绍。介绍者应根据场合和需要的不同来决定其繁简，一般的朋友聚会只需说出自己的姓名、身份即可。自我介绍时，态度要平和，要清晰地报出自己的姓名，并用微笑来表达自己的友好。同时还要掌握好分寸，不要有意抬高或贬低自己，这会让人产生反感，而不愿与你来往。自我介绍实际上是一种自我推销。它给别人留下的是第一印象。

一般来说，自我介绍时要注意以下几点。

1. 繁简得当

自我推介应视交际的实际需要来决定自我介绍的繁简。一般来说，参加聚会、演讲、为他人办事、偶尔碰面、为单位公关等，自我介绍宜简约些，只要介绍姓名和工作单位即可；而在另一些场合，如：恋爱、找人办事、深交朋友等，则可以介绍得更为细致一点，可以介绍自己的兴趣、爱好、特长及在哪些方面有何成就。

初次交往，彼此都需要互相多了解对方，又都想被对方所了解。自我介绍时就要大大方方、不卑不亢，切不可羞答忸怩、吞吞吐吐、左顾右盼。应该勇于向他人展示自己，树立自信，让别人产生希望与你交往的愿望。

第七课 [增进交际巩固友谊的社交口才]

2. 把握分寸

介绍自己要注重自谦和自识。自我介绍时要把握好分寸,不可抬高自己,亦不可贬低自己,切不可自吹自擂。一般不用"很""最""第一"一类的字眼。这样才能使对方对你产生信任感。有的人在进行自我介绍时,左一个"我"如何如何,右一个"我"如何如何,叫人听了反感;有人把"我"的形象树立得很高大,让人感到言过其实;更有甚者,一提到"我"时便洋洋得意,目中无人,等等。这样的自我介绍都不会给对方留下良好的印象。

把握分寸,关键要以平和的语气说出"我",要目光亲切、神态自然,这样才能使人从这个"我"字上感受到你自信、自立而又自谦的美好形象。

3. 巧言介绍

加深印象是自我介绍的目的。自我介绍首先要介绍自己的名字,并对"姓"和"名"加以解释,你解释得越巧妙,别人对你的印象就越深。这可以反映一个人的知识水平和性格修养,也可以体现一个人的口才。

一个人的姓名,往往有丰富的文化积淀,或折射出凝重的史实,或反映时代的乐章,或寄寓双亲对子女的殷切厚望。因此,巧解姓名有时也能令人动情,加深印象。

4. 独具特色

简单地自我介绍留给人的印象非常平淡,使自己的自我介绍独具特色,才能给他人留下深刻的印象。

巧妙地把自己与名人相比,既可以显示你自己的才能,又可以显示你语言幽默的特点,从而使你博得大家的好感。也可以通过介绍自己家乡的名优土特产或家乡地方特色来自我介绍,给大家留下深刻的印象。

卡耐基口才金言

掌握了自我介绍的口才艺术，你就打开了一扇与人交往的大门，完美精彩、独具特色的自我介绍，能在他人的脑海中打下深刻的烙印。

主动引发一场友好的谈话

在与人交谈时，也许你会常常挖空心思去想一些很有水平的话，以显露自己的本事。但是，你没有顾及对方，对方在你的强势下会怎样呢？他当然是不甘示弱，也会比你更加努力地去找一些更加有水平的话。他找出了之后，你又怎么办呢？是不是又要去寻找更有水平的话呢？这样循环往复，你俩就不是在交谈，而是在斗智。在交谈中，太有水平的话有时会给对方造成压抑，使得交谈难以进行下去。

实际上，要进行一次谈话并不是困难的事。陌生人之间一些简短的寒暄就能引发谈话。每个人都可能流于平俗，都可能涉及那简短的谈话，只谈论一些既缺乏机智又毫无意义的事情。然而这种短暂的交谈对于正式交谈的顺利启动却是必要的。

引发谈话的目的是必须让对方说话，而切忌将谈话引入死胡同。如不能说"今天天气真好！"之类的话，而应该问对方："干什么工作？""是哪里人？"这样对方必须回答你他干什么工作，是哪里人，而不会用"是"或"不是"打发你。

第七课 [增进交际巩固友谊的社交口才]

在开始谈话时，要准备经过一个"预热"的阶段。没头没脑地就开始一次意味深长的交谈是不明智的，不要期望一开始就像老朋友见面一样。

短暂的交谈不仅能为你引发一次谈话，而且可以用来为进一步的交谈预热，引导对方为进一步的交谈作好充分的准备。然后在这种交谈中观察别人的兴趣。这正如点篝火，不必期望用一个火把开始，只需有一根小火柴就行了。只要方法得当，这一根小火柴就能让篝火熊熊燃烧。

但要特别注意的是，在交谈的过程中也不要太掉以轻心，拥有出色的交谈口才并不过多地依赖于你有多么聪明，或者你的经历有多么曲折，而在于善于启发、诱导别人讲话。要想成为优秀的口才高手，就一定要避免在谈话中出现以自我为中心的现象。人们往往自始至终只对他们自己、他们的工作、家庭、故乡、理想感兴趣。其实，像"你是做什么工作的"这样一个简单的问题向他人传达了你对他感兴趣的信号，结果必然会使别人也对你感兴趣。

在提出这个简单的问题之前，你只需要在心里给自己提一个问题："通过交谈我究竟想得到些什么？"是想表现和炫耀自己呢？还是想与别人做成交易，让别人在议定书上签字，并得到他的准许和友善呢？很多人在与人谈话时容易犯的错误就是谈自己感兴趣的事，而不去谈别人感兴趣的事。你谈自己感兴趣的事，虽然自己兴高采烈，但别人却不一定会高兴，那你要求别人办事、请别人帮忙，以及你谈话的目的又怎能达到呢？

卡耐基口才金言

遇到素不相识的人，如何引发一场谈话是关键。主动引发一场谈话，可以消除陌生感，拉近彼此的距离，活跃谈话气氛，为后面的深入交谈做好铺垫。

激起对方的说话欲望

每个人都渴望友谊,希望拥有更多的朋友。但朋友都是由陌生人发展而来,有相当一部分朋友是萍水相逢时认识的。在风光绮丽的景区、在熙攘喧闹的汽车上或者在小型聚会上,凭一个会心的微笑、几句得体的幽默话、一个礼貌的动作等,都可以与他人相识。关键是得找出交往的契机,主动伸出友谊之手,打开对陌生人关闭着的心灵之门。

然而不是所有的人都是善谈的,有的人比较沉默寡言,虽然有交谈的欲望,却不知从何谈起。这就需要你改变态度,运用口才技巧,激发对方的谈话欲望。

假若你的一个话题使对方产生了浓厚的兴趣,那么无论他是一个如何沉默的人,他都会发表一些言论的。因此在谈话的停滞之中,一定要想法寻找并且不断地激起对方的兴趣,使谈话能够一直持续下去。

当你对做父母的人称赞他们的孩子,甚至表示你对那孩子感兴趣时,那么孩子的父母很快便会成为你的朋友了。给他们一个谈论其孩子的机会,这样他们就会很自然而又无所顾忌地滔滔不绝了。

与陌生人见面,要善于倾听,主动地关心他人,还可以通过慷慨的给予帮助来激发他们的谈话欲望。

初次相见或不太熟悉时,没有谁愿意向有困难的陌生人施舍什么帮助,因为他们怕不清楚对方的底细帮出麻烦来。这种想法固然有一定的

道理,但正是这"一定的道理"把自己结识别人的大好机会给赶跑了。善于交际的人是不会这么想的,他们认为与人方便自己也方便,只有放下顾虑、慷慨解囊,才能赢得别人的感激与好感——这恰是一座沟通感情的桥梁。

对于那些腼腆的人,交谈者应主动寻找话题,消除对方的紧张感。

朋友相交,重在交流。由陌生人到朋友,需要通过深入的交流才会相互了解。要达到深入交流的效果,就要在掌握交谈口才艺术的同时激发对方的谈话欲望,只有这样才能彼此加深了解,从陌生走向熟悉,进而成为朋友。

卡耐基口才金言

能否激发对方的谈话欲望是双方深入交谈的关键。主动打开话题,向对方发出友好信号,激起对方的谈话欲望,你就能达到交流的目的。

好话题是纵情畅谈的开端

交谈中要学会没话找话的本领。"找话"就是"找话题",找交谈的切入点。就像写文章一样,有了一个好题目,往往会文思泉涌,一挥而就。同样,双方交谈,有了一个好的话题就能使谈话融洽自如。

什么样的话题才是好话题呢?好话题的标准是:至少双方对话题比较熟悉,能谈;大家感兴趣,爱谈;有展开探讨的余地,好谈。

那么,怎样去挖掘一个好话题呢?

1. 找准兴奋中心作话题

当跟众多的人在一起谈话时,要选择众人都感兴趣的事件为话题,激发起大家交谈的欲望。因为这类话题是大家想谈、爱谈又能谈的。人人都有话,都能发表自己的观点和看法,自然能使话题进行下去,以致引起许多人的议论和发言,进而产生共鸣。

2. 就地取材找话题

巧妙地借用彼时、彼地、彼人的某些材料为题,借此引发交谈。有人善于借助对方的姓名、籍贯、年龄、服饰、居室等,即兴引出话题,常常能取得好的效果。"即兴引入"法的优点是灵活自然,就地取材,但关键是要思维敏捷,能迅速作出由此及彼的联想。

3. 试探询问找话题

与陌生人交谈,先提一些"投石"式的问题,在对对方的年龄、职业、性格、兴趣等略有了解后再进行有目的的深入的交谈,便能谈得更为自如。就好像"投石问路"一样,如在聚会时见到陌生的邻座,便可先"投石"询问:"你和主人是同事还是同学?"无论问话的前半句对,还是后半句对,都可就此展开话题;如果问得都不对,对方回答说是"老相识",那也找到了可继续谈下去的话题。

4. 顺着对方的兴趣引发话题

试探出陌生人的兴趣,由兴趣起始,能顺利引发出话题。如对方喜欢看电影,便以此为话题,谈电影的优劣,讨论故事的情节等。如果你也喜欢看电影,那你们就找到了共同的兴趣,可顺利进入话题;如果平常不怎么看电影,那也正是个学习的机会,可静心倾听,适时提问,借此大开眼界。

引发话题的方法很多,诸如"借事生题法""即景出题法""由情入题法",等等。可巧妙地从某事、某景、某种情感,引发出一番议论。引发话题,类似"抽线头""插路标"的做法,重点在引,目的在导,使对

第七课 [增进交际巩固友谊的社交口才]

方有话可说，诱发对方谈话的兴趣。

5. 在"情投意合"上做文章找话题

与人交谈时，还要在缩短彼此的距离上下工夫，力求在短时间内了解得更多一些，缩短彼此认识上的距离，力求在感情上融洽起来。只有志同道合了，才能谈得投机。与陌生人要做到能谈得投机，就必须寻找好话题，在情感上字上做文章，变生疏为熟悉。

（1）适时切入。看准情势，不要放过应当说话的机会，适时插入交谈，适时地"自我表现"，能让对方充分了解自己。

交谈是双边活动，光了解对方，不让对方了解自己，同样难以深谈。陌生人如能从你"切入式"的谈话中获取教益，双方会更亲近。适时切入，能把你的知识主动有效地献给对方，实际上符合"互补"原则，奠定了"情投意合"的基础。

（2）巧找媒介。寻找自己与陌生人之间的媒介物，以此找出共同语言，缩短双方距离。如见一位陌生人正在看报纸，可从报纸上的一条新闻切入，与对方就这一话题展开讨论。对别人的一切表现出浓厚的兴趣，通过媒介引发他们表露自我，交谈也就能顺利进行。

（3）留有空间。留有谈话的空间以便让对方接口，使对方感到彼此之间的心是相通的，交谈是和谐的，进而缩短两人之间的心理距离。因此，和陌生人的交谈千万不要把话讲完全了，把自己的观点讲死，而应虚怀若谷，欢迎探讨，最好把做结论、归纳的机会留给对方。

卡耐基口才金言

好话题，是初步交谈的媒介，纵情畅谈的开端，是深入细谈的基础。有了好的话题，交谈就成功了一半。

 ## 寻找共同话题,融洽自如交谈

初次见面的人,由于人们性格上的差异,各自的表现也各不相同。有人生性腼腆,不喜欢与陌生人交谈;有人虽有交谈愿望,却感到无从启齿,找不到共同的话题,没有办法交谈。他们或局促一角,尴尬窘迫;或欲言又止,话不成句;或说话生硬,遭人误解……产生这种现象的原因是缺乏和陌生人交谈的勇气和技巧。

交谈前要充满信心,要相信自己能够自如地交谈;然后寻找适合双方的共同话题,就能使谈话融洽自如。一个好话题,是双方初步交谈的媒介,深入细谈的基础,纵情畅谈的开端。

你不妨从天气、籍贯、兴趣和衣着等方面聊起,这样既不易触及对方感情的敏感处,又不易引起对方的反感和为难。

初次见面,寻找合适的话题,除了能消除彼此的紧张感、陌生感外,有时还可以为你带来意想不到的效果和收获。

同陌生人谈话最重要的就是能够尽快地找到双方的共同点。怎样才能找到初次见面的人与自己的共同点呢?

1. 察言观色,寻找共同点

一个人的心理状态、精神追求、生活爱好等,都或多或少地在他们的服饰、表情、谈吐、举止等方面有所表现。只要你善于观察,就会发现你们的共同点。你要从察言观色发现的东西里面,找到与自己兴趣爱好的共

第七课 [增进交际巩固友谊的社交口才]

同点。只有当你自己对此也有兴趣时，才有可能打破沉寂的气氛。否则，即使发现了共同点，也还会无话可讲，或讲一两句就"卡壳"了。

2. 以话试探，侦察共同点

同陌生人相遇，为了打破沉默的局面，开口讲话是首要的。有人以招呼开场，有人以动作开场，一边帮对方做某些急需帮助的事，一边以话试探；有的通过借书借报，来展开交谈。以开头几句试探性的话，或询问，或对某事谈论自己的感受，借以观察对方的反应，便可以了解到你与对方是否存在共同点。

3. 听人介绍，猜度共同点

去朋友家串门，遇到有陌生人在座，作为主人，会马上为你们介绍，说明陌生人、你与主人的关系，各自的身份、工作单位，甚至个性特点、爱好等。细心人从介绍中马上就可以发现对方与自己有什么共同之处。

4. 揣摩谈话，探索共同点

要想寻找陌生人同自己的共同点，可以认真倾听对方同别人的谈话并对此进行认真地分析、揣摩，也可以在对方和自己交谈时揣摩对方的话语，从中发现共同点。通过细心揣摩对方的谈话，可以找出对方与你存在的共同点，使陌生的路人变为熟人，进而发展成为朋友。

5. 步步深入，挖掘共同点

发现共同点是不太难的，但这并非只是谈话的初级阶段所需要的，如果你想与对方进行深入的交流，同样需要寻求双方更多的共同点。随着交谈内容的深入，你会发现你们之间的共同点会越来越多。为了使交谈更有益于对方，你必须一步步地挖掘深层次的共同点，才能如愿以偿。

寻找共同点的方法还很多，譬如面临的共同的生活环境，共同的工作任务，共同的行路方向，共同的生活习惯等。只要仔细寻找双方的共同点，与陌生人无话可讲的局面是不难打破的。

卡耐基口才金言

共同话题是双方交谈的切入点，有了共同话题，双方就有了交谈的基础。营造共同话题，打开双方的话匣子，是人际交谈中必备的一大口才技巧。

你要清楚你向对方说点什么

如果在与人交谈时，必须在极其短的时间内说出对别人的要求，以及向对方说明如此做了以后，他们能够获得什么样的利益时，你千万不能婆婆妈妈地为一些琐屑的细节所羁绊，只要简单地说出你的主张就行了。

1. 信心十足地说出要点

所谓的"要点"，就是你与对方交谈所要实现的最终目的。为了使对方依赖你，对于完成你的要求或实现某一目标充满信心，所以你一定要信心十足地说出来。对于对方的行动要求，必须以乐观而坚定的语调，直率地强调出来。为了获得较好的交谈效果，在说话时，你一定不能畏缩而要信心十足。对于你真挚的陈述，对方一定会感动，并为此立即采取有效行动，从而完成你的要求和目标。

2. 使对方明白采取行动

不管你所阐述的是哪一种问题，你的目的就是要把问题的要点以及要求对方采取什么样的行动，简单扼要地表达出来，以便让对方容易理解，

第七课 [增进交际巩固友谊的社交口才]

这样才能够让对方顺利展开行动。为了达到这个目的，最妥善的方法就是把关键部分具体地说出来。

如果在说话时，你能够具体地为对方提示事情的关键和问题的要点，那么你就要比其他人更容易和别人交谈，也更容易使对方感动。"发给客户的商业信函寄出去了吗？"比起漠然地对下属说"去把发给客户的商业信函打印出来"更有效果。

到底以肯定的方式叙述要点好，还是以否定的方式叙述要点比较妥当？这一点是无关紧要的，只要你能把你提出的要求叙述清楚表达准确即可。但必须站在对方的立场上作出这一决定。

3. 具体而简短地叙述要点

当你要求对方做一些什么事情时，必须进行简明扼要的叙述，因为对方只会做他们明白理解的事情。他们既然要依照你的话采取行动，那么你就得准确而精练地把自己的意思表达出来。

卡耐基口才金言

明确你要向对方说什么，并用简洁的语言准确地表达出来，是成功交谈始终要遵守的准则。

 **高效交谈的六大准则**

如何成功地与人交谈，如何使交谈产生更高的效率，其中有许多值得

我们学习的规则和策略。

1. 端正态度，尊重对方

与人交谈，首先要态度端正，否则就会引起别人的反感，思想上一旦形成鸿沟，交谈就很难进行。其次要尊重对方，不要妄自尊大，盛气凌人；不要自以为是，武断专横；不要虚情假意，恭维奉承。

只有这样，大家才能和谐融洽地相处，推心置腹地交谈。

2. 全神贯注，适时发言

不要打断别人的发言，要让对方尽情地讲，你要全神贯注地听。即使你不同意人家的看法，也不可匆忙打断，要等对方讲完再阐明你的意见。要善于听，分析话中之音，做到既明白对方谈话何时达到高潮，又知道对方言谈何时接近尾声。这样，你的发言才能适时、稳妥。

3. 跟上节拍，把握火候

当话题几分钟以前已由乒乓球赛转到篮球赛，如果你再谈乒乓球赛，显然就跟不上谈话节拍；而当大家正兴致勃勃地谈论篮球赛，你又把话题转移到排球赛上，显然是不识"火候"；当大家正评论球类比赛，你却谈起飞机、大炮一类与球赛风马牛不相及的东西，显然是离题太远，那只会使人啼笑皆非。密切注视谈话进行的情况，要把注意力始终集中在正谈论的东西上。只要头脑清醒、目光敏锐，跟上谈话的"节拍"，就不会出现尴尬局面。

4. "听""讲"认真，心领神会

交谈，是一种有来有往、相互交流思想感情的双边或多边活动。参与谈话的人，不仅要认真"听"，还要认真"讲"。听人说话，要做到聚精会神，心领神会，切不可漫不经心。与此同时，还要作出积极反应，有什么想法和感受，通过点头、微笑、手势、体态等不同方式随时表露出来；不要消极活动，呆头呆脑，无动于衷。全神贯注地听，仅是交谈中的一个方面。谈，在某种意义上说，显得更为重要。谈的方式多种多样，你可采

第七课 [增进交际巩固友谊的社交口才]

用任何一种：直截了当地陈述事实，提出问题，发表看法；委婉地表示不同意见，进行评论。这些方式都能使谈话顺利进行。

5. 中心突出，不偏不离

交谈中心突出，不要偏离话题。当大家正议论新发明的特效药，切不要因听到有人谈你姐姐如何服用此药而得救，你便滔滔不绝地讲起你姐姐的故事，在不知不觉中偏离了谈话的主题。话题一偏，说话效果必然大大降低。

6. 审时度势，调转话题

话题的转变，在交谈中占有十分重要的位置。当大家对某事似乎已详尽谈论，感到兴致索然时，就要立即转换话题。转变话题的方式很多，一种方式是让旧话题自然消失就是其一。另一种方式是重提刚议论的事情，然后迅速更换话题。改变话题，要注意"火候"，既不能太迟，又不宜过早。当话题仍然引人入胜时，切不要因你感到索然无味，就谈别的东西，并强迫他人跟着你转。

卡耐基口才金言

如果你对自己将要进行的谈话一无所知，就不可能很好地参与交谈。你不仅要了解将要交谈的主题，而且应该了解交谈的性质，还有自己所期望达到的效果，把握好交谈的关键点，你才能进行一场有效的交谈。

结束交谈的口才艺术

说话与写文章一样，也需要有个"开头""正文"和"结尾"。不能只有好的开头、过程,还要有好的结尾。在成功人士的眼里,只有把这个三个部分处理好,才能使得一次交谈有个满意的结果。否则,就有可能使交谈陷入拖沓、无味,甚至不知所云的窘境。

交谈的结束语并不需要像演说那样追求"艺术效果",讲究那么多的"楔子""噱头""出人意料"或"戛然而止"的形式。然而,交谈毕竟是一种有目的的社会交往,在交谈中就应该善言谈,有一个好的开头,也要有一个好的结尾,让整个谈话过程始终在友好融洽的氛围中进行,最终结束一场圆满的谈话。

下面就"结束交谈艺术"的六种常用方式作简要介绍。

1. 征询式收尾

在交谈艺术中,征询式的收尾给人以谦逊大度,仔细周到和深沉老成的印象。

所谓征询式收尾,是指当一次交谈行将完毕时,主谈者可根据自己的"谈话使命"综合"交变情况"——即目的与交谈后的吻合情况——说出向对方征求意见的看法、说明、要求,或建设性的建议忠告、劝诫等等。与下属交谈工作结束时,说:"你还有别的什么要求和意见吗?""你生活上还有困难和要求吗?只要有可能,我们将尽力帮助你解决……"

听者可以同样征询对方:"除了工作之外,你对我还有其他意见吗?如果现在想不起来,日后你尽管提出来,我是不会计较别人对我提意见的方式的……""马克,你觉得我还应该注意些什么,怎样做才好?"

如果同恋人、同学、同龄人之间的交谈,双方都可以根据谈话的目的、内容、气氛而说出相应的"结束语"来收尾。"玛丽,随着我们接触的增多,了解的深入,你一定在我的身上察觉出许多欠缺之处,你觉得我最糟糕的'毛病'是什么?希望你下次开诚布公地提出来。""苏珊,我不懂得恋爱艺术,我只想问你一句话,在你面前的这个人,他很乐意做你

第七课 [增进交际巩固友谊的社交口才]

一生的伴侣,不知你的想法怎样?"

运用征询式收尾,无疑令对方听了有一种心悦诚服、倍感亲切、心心相印的感觉,从而取得关系融洽。

2. 归纳式收尾

归纳式收尾,通常在上下级之间非正式性的交谈,或同事间、亲朋间、恋人间谈话中使用。

恋人间可以这样进行交谈:"艾琳,你对我表示的爱情,我深深地理解和感谢。但是,在决定我们的关系之前,必须提醒你,第一,我是军人,军人不能回避流血、伤残和牺牲;第二,军人的生活方式和社会上那些充满'现代观念'和'现代生活方式'的人有着相去甚远的差别;第三,恋爱期间和婚后生活有时是两种情形,两个世界,婚前看来是朵'花',婚后则会变成'疤'。这些,都要请你认真考虑。"

交谈中的归纳式收尾,由于条理清晰、中心突出、重心再现,便能使双方交谈的目的和内容,双方的思想和意见得以清楚交流,收到言简意赅、重点突出、明快爽朗的效果。

3. 关照式收尾

关照式收尾,是当交谈双方谈了自己的思想、意见、看法或流露出了某些内心意向之后,觉得谈话中的有些话和问题是带有范围性、对象性、保密性和重点性的,当交谈即将结束时就关照对方不要将其中的某些话张扬开去,或关照哪些问题是重要时就应该说:"比尔,刚才我讲的话,是一些不成熟的看法,在我们觉得不必让人知道的时候,请你不要传出去,以免引起麻烦……"这种关照式收尾,有一种提起注意,防患于未然和强调重点的作用,能使交谈的双方增进了解和增强使命感、责任感。

4. 道谢式收尾

道谢式收尾,在交谈艺术中具有较强的礼节,它的基本特征是用讲"客气话"作为交谈的结束语和告别话。道谢语适用的场景和对象是最广泛的，它无论是上下级间、同事间、亲朋间，以致熟人、左邻右舍之间都是适宜的。

如是一次思想启迪性交谈，当交谈行将结束时，从谈者可用"你对我学习上的帮助，生活上的关怀，使我感激不已"结束交谈。

如果小辈对长辈，下属对上级的请教式交谈或汇报式交谈，可以说："您还有其他嘱咐吗？谢谢您的指导，我还有别的事，要先走了，再见！"

5. 邀请式收尾

邀请式收尾的基本特征是运用社交手段向对方发出礼节性邀请或正式邀请。它的效用前者是体现了礼仪，后者是一种友谊有生命力的表示。如礼节性邀请："如果您下次路过加州，请到我们家来做客。再见！"如正式邀请："先生，今天我们初步交谈到这里。后天下午3点我们再谈吧。再见！"

礼节性邀请是一种礼节，正式邀请是一种友好和友谊的表示。运用这种结束语，符合社交礼仪。

6. 祝愿式收尾

祝愿式收尾方式的特点是，不仅具有较强的礼节性和情趣性，而且还具有极大的鼓动力，如再加上适当的口语修辞，它的效果无疑是极佳的。

如："再见，祝愿顺风扬帆———一帆风顺！""时间不等人，生活就是拼搏、斗争！抓紧时间抓紧干，就是等于延长生命！我祝愿你是这样一个人，再见！"

卡耐基口才金言

结束交谈的话题和方法多种多样，只要我们能够驾驭情境，正确审视对象，选择得当的话题和话语，这样的交谈结束语，不仅得体、有趣，而且有力、感人。

第七课 [增进交际巩固友谊的社交口才]

边看边说，边说边看

不同的人爱听不同的谈话内容，这是容易理解的。但困难的是你怎么知道他爱听什么、不爱听什么呢？这就要看人说话——边看边说，边说边看。这看，即是观察：在与对方谈话时，要善于一边说一边察言观色。

看对方什么呢？

1. 看面部表情

狄德罗曾经说过，一个人的"心灵的每一个活动都表现在他的脸上，刻画得很清晰，很明显"。有时对方口头表示赞同你的意见，但他的眉头却不知不觉地紧皱了起来，或者他的嘴唇突然紧闭，而且嘴角向下撇。这些表情恰恰是内心不愉快的流露。因此他说的赞同的话其实是言不由衷的，或者碍于情面，或者屈服于权势，才不得不这样说的。

2. 看体态表情

几乎每一种体态，每一种动作都是一种特殊的语言，都在宣泄着一个人的内心世界。问题在于我们要能看懂这些体态表情，要能领会它们的内在含义。假如与你谈话的人双脚并立，双臂交叉在胸前，这就表明此人对你怀有某种敌意，他在作自我防卫；而当他不仅双臂交叉，而且双拳紧握时，那就是说他不只在自卫，还要向你进攻了。又如，如果谈话者常向你摊开双手，这就表明此人是真诚坦率的，他对你毫无提防之心。

3. 看语言表情

与人交谈时不但要看他说什么，而且还要看他怎么说。这就是要从对方说话声音的高低、强弱、快慢、腔调等等看出他的言外之意，听出他的弦外之音。这是因为说话声音的种种变化不但表现一个人的性格——急性子的人说话节奏快、声音响亮，慢性子的人说话节奏缓慢、声音低沉——而且能够表明一个人的情绪与心境。例如，人忧伤时语速慢、声音低、节奏平缓，而人兴奋时与之相反，语速快、声音高、节奏强烈。

所谓"看人说话"，主要是"看"上述三种表情。从这些表情变化中，我们便可随时猜度对方的心理态势、透视对方的心理需要，然后也就可以随时调整自己谈话的内容与方式，使之更适应对方的思想线索。这样，说话便可获得预期的良好的效果。

卡耐基口才金言

每个人的脾气和习性不同，千篇一律用单一方式与人交谈，不仅会起不到应有的效果，还可能会带来麻烦。因人而异，看人说话，才使你在成功的道路上路路绿灯，处处顺畅。

见什么人说什么话

说话的好坏，主要取决于说话者的思想水平、文化修养、道德情操，但讲究语言的艺术也同样十分重要。同样一种思想，从不同的人嘴里说

第七课 [增进交际巩固友谊的社交口才]

出,往往会收到不同的效果。

良好的谈吐可以助人成功,蹩脚的谈吐则令成功障碍重重。在日常生活中,我们身边的人总是多种多样,有口若悬河的,有结结巴巴、不知所云的,有谈吐隽永的,有语言干瘪的,有唇枪舌剑的……

人的能力有大小之分,文化有高低之别,说话的效果也是天差地别。因此,要想成为口才高手,达到"见什么人说什么话"的境界,就必须要把握其中的奥秘。

一个人的话能否被别人所接受,取决于他的可信度,而要提高可信度,不仅在形象上要做到衣饰恰当、举止大方、谈吐自然得体、眼神专注、表情沉稳等,还要会观察对方。

不同的人接受他人意见的方式和敏感度都是不同的。

一般来说,文化水平较高的人,不屑听肤浅、通俗的话,对他们应多用抽象的推理;

文化层次较低的人,听不懂高深的理论,对他们应多举明显的事例;

对于刚愎自用的人,不宜循循善诱,可以用激将法;

对于喜欢夸大的人,不必表里如一,不妨诱导;

对于生性沉默的人,要多挑动他发火;

对于脾气急躁的人,用语要简明快捷;

对于思想顽固的人,要看准他的兴趣点,进行转化;

对于情绪不正常的人,要等他情绪恢复正常后再谈。

如此等等,只有知己知彼,才能对症下药,收到最好的说话效果。

说话看准对象,才能做到有的放矢。这就要求说话的人要做到:在交谈形式上,应该根据不同的人,作具体的分析,围绕中心内容,尽量考虑年龄差异,分别对待。对少年儿童就要用平易近人、幽默风趣、循循善诱的语言;对中青年人要用有逻辑、哲理的语言;对老年人就要用含蓄、委婉的语言。

在交谈的态度上，对老年人应该是尊敬而谦逊的；对年龄相仿的人就是以平等的姿态进行交流，可以随意一些；而对少年就要关切、体贴；对异性要诚恳、大方。此外还要注意选择不同的时间、地点进行交流。

卡耐基口才金言

直爽的人爱听爽快的话，憨厚的人爱听平和的话，不同性格的人愿意接受的说话方式是不同的，见什么人说什么话，才能产生应有的效果。

只说该说的话，不说不该说的话

有一次，林肯在某个报纸编辑大会上发言，指出自己不是一个编辑，所以他出席这次会议是很不相称的。为了说明他最好不出席这次会议的理由，他给大家讲了一个小故事：

"有一次，我在森林中遇到了一个骑马的妇女，我停下来让路，可是她也停了下来，目不转睛地盯着我的面孔看。

她说：'我现在才相信你是我见到过的最丑的人！'

我说：'你大概讲对了，但是我又有什么办法呢？'

她说：'当然你生下来就这副丑相是没有办法改变的，但你还是可以待在家里不要出来嘛！'"

大家为林肯幽默的自嘲而哑然失笑。

林肯巧妙地运用了自嘲来表达自己的拒绝意图。既没让人难堪，还使

第七课 [增进交际巩固友谊的社交口才]

人在愉快的氛围中领悟到林肯的意图。

有时候为了避免直言相告,还可巧妙地寻找借口来为自己解围或是保全他人的面子。

舞会上别人邀请你,你内心实在不想跟他跳,可以说:"我累了,想休息一下。"既达到谢绝的目的,又不伤别人的自尊心。

别人与你相约同去参加某一活动,但届时你忘记了;或过后生悔,未去赴约。直接说出原因,将会影响别人对自己的信任,也是对他人的不尊重。一般情况下,失约的原因可能有身体不适、家中有事、客人来访等,你可挑选较合情理的一种,作为事后的解释。

说话不当很容易引起麻烦。世界上的麻烦有一半是因为说话不当造成的,另一半是愚蠢所致。说话不当的危害跟愚蠢是一样的。说话不当者未必都是愚蠢的人,但他们的确做了一件愚蠢的事。因此,说话时要嘴上带把尺,什么话该说,什么话不该说,都要多加思考。

卡耐基口才金言

说蠢话和做蠢事,有时是紧密相连的。说话要控制自己的情绪,做到谨言慎语,只说该说的,把不该说的那半句留住。

严肃场合不能开玩笑

人的脾气、性格、爱好不同,开玩笑时要注意场合。

有一次，一位男士发现女同事穿着一身漂亮的新衣服来上班，他想表现自己的幽默，开口说道："今天准备出嫁？"这是一种夸赞，只不过有点调侃的意味。

然而，他的这位女同事闻听此言，怒不可遏，当着众同事的面，拍案而起："你骂人！难道我离婚了？难道我丈夫不在了？"

这位男士万万没有想到，他的颇为得意的幽默竟被人家当成是不堪入耳的污言秽语，得到的竟是如此难堪的结局。他百口莫辩，只好道歉了事。

这位男士之所以引火烧身，就是因为他没有注意开玩笑的场合。

男性对语言情境的承受能力较强，一般的玩笑不会导致男性的难堪；女性对语言情境的承受能力较弱，不得体的玩笑会使女性难堪，甚至"下不来台"。开玩笑还要注意亲疏的差异。一般情况下，与自己比较亲近、熟悉的人在一起，开玩笑即使重一点，也不会影响友好关系。但与自己比较陌生的人在一起，就不宜开玩笑，因为你对人家的个性、经历、情趣、隐私不了解，可能在开玩笑中冒犯了人家，引起反感，不利于今后的互相了解和友谊的发展。

对方性格外向，能宽容忍耐，玩笑稍微开大了可能也会得到谅解。对方性格内向，喜欢琢磨言外之意，开玩笑就应慎重。对方尽管平时性格开朗，但如恰好碰上伤心事，就不能随便与之开玩笑。

朋友之间，因为感情太好，难免会口无遮拦、百无禁忌，总认为开开玩笑没什么大不了的。然而，有时候玩笑开过头了，我们真的能敞开胸襟一笑置之吗？

面对挑衅，往往因为心里做足了防备，真正的伤害反而不大，但自己亲近信任的人，不经意地刺中自己的弱点，即使脸上撑着笑，恐怕心里还是颇为伤痛吧。

尊重别人，是营造良好人际关系的重要基石，对于我们亲爱的家人与

朋友，更是要牢牢守住彼此的这层分际，不要随便开玩笑。毕竟，我们最不想伤害的就是我们深爱的人。

卡耐基口才金言

> 开玩笑要掌握好分寸，不能随便乱开玩笑，在庄严、肃穆的场合更是不能开玩笑。在不适宜的时机、场合开了不适宜的玩笑，结果只会伤了感情，惹了麻烦，要引以为戒。

拿捏好分寸，谨防说话失度

说话要有分寸，分寸拿捏得好，很普通的一句话，也会平添几许分量；话少又精到，给人感觉深思熟虑。而说话的分寸取决于与你谈话的对象、话题和语境等诸多因素。总之，说话要言之有度。

有度的反面则是"失度"，什么叫做"失度"呢？一般来说，对人出言不逊，或当着众人之面揭人短处，或该说的没说，不该说的却都说了。这些都是"失度"的表现。

下面我们就简要介绍一些在谈话中禁忌的话题，接触这些话题容易导致谈话"失度"，产生不良效果。

1. 随意询问健康状况

向初次见面或者还不相熟的人询问健康问题，会让人觉得你很唐突。当然，如果是和十分亲密的人交谈，这种情况不在此列。

2. 谈论有争议性的话题

除非很清楚对方立场，否则应避免谈到具有争论性的敏感话题，如宗教、政治等易引起双方抬杠或对立僵持的话题。

3. 谈话涉及他人的隐私

涉及别人隐私的话题不要轻易接触，这里包括年龄、东西的价钱、薪酬等，容易引起他人反感。

4. 个人的不幸

不要和同事提起他人所遭受的伤害。例如，他人离婚了或是家人去世等。当然，若是对方主动提起，则要表现出同情并听他诉说，但不要为了满足自己的好奇心而追问不休。

5. 讲品位不高的话

一些有色的笑话，在房间内说可能很有趣，但在大庭广众之下说，效果就不好了，容易引起他人的尴尬和反感。

除上述要注重的几点外，说话还要注意尽量客观，实事求是，不夸大其词，不断章取义。讲话尽量真诚，要有善意，尽量不说刻薄挖苦别人的话，不说刺激伤害别人的话。

在人际交往中，谈话要有分寸，认清自己的身份，适当考虑措辞。哪些话该说，哪些话不该说，应该怎样说才能获得更好的交谈效果，是谈话时应注意的。

我们还应该注意自己在谈话中的声调、手势、面部表情等方面，努力使各个方面协调、得体。这样，我们就能大大增强自己说话的吸引力。

卡耐基口才金言

信口直说人人忌。在社交场合与人讲话，要根据不同的情况而说不同的话，同时在说话时要慎重考虑哪些话该说，哪些话不该说。

第七课 [增进交际巩固友谊的社交口才]

做一个受欢迎的交谈者

每个正常的普通人都会说话,但做一个优秀的交谈者,就需要掌握一定的技巧。

第一,保持轻松的心情来交谈。人只有在轻松自然的状态下,才能流畅而真诚地交谈。刻意地用别人的名言、警句来装饰自己的话语,只会让谈话变得生硬和干涩;当你不紧张的时候,你会发现自己也可以妙语连珠。

第二,丰富你的交谈内容。每个人在谈话之初都可能只谈些既缺乏机智又毫无意义的事情。其实,这种短暂的交谈对于"使轮子转动起来"是必要的。一旦你不再担心自己是呆板的,你会发现,在许多情况下,你说的就是机智而有趣的事情。

第三,诱导别人说话。一个出色的交谈者并不是自始至终总是说个不停,而是能保持谈话顺利进行,让对方产生向你倾诉的愿望,这不需要你的经历有多么丰富,或者口才有多好,能启发别人眉飞色舞地讲下去,才算是把交谈升华成为了艺术。

第四,生活中各种不同身份的谈话对象都存在,在与不同的对象交流时,要根据别人的不同身份说话。根据对方的地位、职业,选择相关的对方感兴趣的话题。

第五,交谈时要善于把握对方的心理,使话题向对方期望的方向进行。如果能明了对方的所思所想，要把话说到对方的心坎上，对方必定会乐于与你交谈；否则，对方会对你说的话无动于衷，甚至感到倦怠。

第六，尽量避免以自我为中心。经常提到自己的事情，这是普通人通常的谈话表现，因为人们总是对和自己有关的事情感兴趣，但这并不是最好的谈话方式，它会让对方感到自己被忽视了，从而对说话的人也产生抵触心理，这时对方就很难再有兴致与交谈者继续谈下去了。

卡耐基口才金言

在说话前，你有必要对下列问题仔细地考虑：你要对谁讲，将要讲什么，为什么要讲这些内容，怎么讲法，有什么有利因素和不利因素，怎样处理等。

第八课

[让家庭幸福快乐的完美口才]

  口才的作用真是无处不在，口才不仅适用于社交、事业上，也同样适用于婚姻与家庭生活上。一对不善说话、言语木讷的夫妻，与一对风趣幽默、谈笑风生的夫妻相比，两者家庭生活是有着天渊之别的。

  好口才可以让两颗心走得更近，贴得更紧，使夫妻之间的感情日益加深；好口才可以让婚姻鲜活如初，历久弥新；好口才可以化解家庭的烦恼和纠纷，让家庭充满阳光和笑声，营造美满和谐的幸福家园，美丽、快乐地度过一生。

多一份体贴，多一份爱

一流的女秘书都知道如何让上司喜欢自己。她会细心研究上司的嗜好，她知道上司喜欢什么，也知道什么使上司生气。当然，她更知道在怎样的环境下能把工作做到最好——哪怕因此会改变一些自己的嗜好。

我们不妨从秘书的工作中学一些相关技巧。我们同样可以像女秘书替上司工作那样，为我们的爱人做同样多的事情。

大凡是那些幸福的家庭、老婆都能很体贴的让老公快乐。

艾森豪威尔夫人说过：记住许多小事来创造别人的幸福，是一个女人最主要的工作。

也许这些小事情并不是想象中的那么小。要养成最好的风度，总是先要做些小牺牲。这是婚姻美满的秘诀。情愿放弃一些自己的爱好，老婆所得到的大报偿与那些小牺牲比起来是很值得的。

奥嘉·卡巴布兰加夫人的先生曾经是古巴的外交官和国际著名的西洋棋冠军，他是一个聪明、灵巧、到处受人欢迎的人。就像许多能力不平凡的男人那样，他对自己的想法非常固执，但是他们的婚姻却非常的美满成功——他们享有甜蜜的爱情、浪漫和相互的尊重。奥嘉·卡巴布兰加带给她老公那么多的快乐，所以她老公有时候也会高兴地放弃一些自己本来执著的意见来博取她的欢心。

她是如何创造这项奇迹的呢？只不过是做些"小牺牲"而已。当卡

第八课 [让家庭幸福快乐的完美口才]

巴布兰加先生心情不好而不说一句话,她就让他独自去思考,而不会以唠叨来激怒他。她本来喜欢跳舞,但是她的老公却喜爱大部分的时间留在家里,所以她心甘情愿地放弃许多迷人的社会聚会。如果她老公不喜欢她穿在身上的衣服,她就马上去换一件他喜爱的。她老公是个喜爱哲学和历史的读书人,奥嘉本来只喜欢比较轻松的书本,然而她还是细心地读了老公喜欢的书。

卡耐基口才金言

赶上老公的思想,并且欣赏和领会他的谈话,永远和老公保持同步状态,这是建立相互信任的基础。

帮助丈夫理清他心中的希望

每一个妻子所要做的第一件事,就是帮助自己的丈夫理清他心中的希望和野心,然后她所要做的事就是与丈夫精心合作,共同来实现这些理想。

曾经合著《婚姻指南》的作者沙慕尔和艾瑟·克林深信,快乐的婚姻来自共同的理想。至于理想是什么并不重要,可能是一幢新房子、一趟去欧洲的旅行、一家大公司……共同分享这个理想才是最重要的。

快乐婚姻的关键在于:对眼前的生活有所希望,然后尽其所能地使它实现。所有的快乐、情趣、参与感都会从实现希望的过程中获得,同时,夫妻感情也能因共享奋斗过程中的成功或失败而逐渐加深。

堪萨斯州的威廉·葛理翰夫妇的幸福婚姻就是基于一个共同的理想。在堪萨斯州，威廉·葛理翰油料公司是个受人重视的大公司。威廉在他45岁时，就已从油料经营和投资中赚取了一笔可观的利润。同时，威廉和他的妻子玛瑞丽还拥有其他令人羡慕的婚姻成果：6个漂亮健康的孩子、宽敞舒适的家居与和谐美满的婚姻。这一切使他们对未来的生活充满了希望。

当威廉的朋友问他成功的最大因素时，威廉回答说："是因为我和玛瑞丽共同的计划和协调作业。"

玛瑞丽刚嫁给威廉时，威廉除了成功的理念和辛勤的工作外一无所有。玛瑞丽了解了丈夫的梦想后就开始加入计划中来。他们最先尝试的是做房地产生意，从介绍房屋买卖中抽取佣金。他们将办公室设在一幢办公大楼的废弃通道内，玛瑞丽在办公室里负责联络，威廉便四处拉生意。

开始时，业务进展得很慢，玛瑞丽时常得精打细算，否则他们就要饿肚子了。后来，随着生意的好转，他们便自己出钱买房子进行买卖。到了最后，他们开始自己盖房子卖了。这时，威廉有了新的目标，他认为自己应该加入其他的行业，也许会有更大的发展机会。

经过几次详细地交谈和商量，夫妻俩觉得石油生意更适合威廉，因为他总是期待更多的挑战和刺激。于是他们创办了威廉·葛理翰石油公司。

威廉在筹划新的目标，他和玛瑞丽正在考虑国外投资的可行性。只要有了决定，他们就会共同让这一决定变成现实。

每当威廉为自己制订计划和选择目标时，他总是会考虑玛瑞丽的建议和态度，因为威廉说："没有玛瑞丽的支持，我什么也干不了。"就这样，葛理翰夫妇从一个又一个挑战性的计划中获得了生活的乐趣。在共同面对挑战的过程中，他们建立了密不可分的关系。

第八课 [让家庭幸福快乐的完美口才]

卡耐基口才金言

夫妇俩共同拥有一个理想是最幸福的事,两个人共同制订并实行计划,要比一个人盲目地行动更有力量。

 ## 做丈夫的"好听众"

《福布斯》杂志曾刊出了一篇对公司员工的妻子所做的调查报告,报告中指出:一个男人的妻子所能做的最重要的事情,就是让她的丈夫把他在办公室里无法发泄的苦恼都说给她听。

任何一个自己曾在社会上工作过的女人都可以了解,如果工作回来后能向家里人谈谈这一天所发生的事情,无论是好事还是坏事,都是可以让心情放松和得到安慰的。通常,在办公地点,我们没有机会对所发生的事情发表意见。如果我们的工作特别顺利,我们不可能在办公室里开怀高歌;如果我们遇到了困难,我们的同事也不想听到这些麻烦事——他们自己已经有太多麻烦了。因此,当我们回家时,觉得自己必须好好地发泄一番。

然而,最常发生的事情是这样的:

比尔回到家后,有点上气不接下气地说道:"老天,梅尔,这真是个伟大的日子!我被叫到董事会上,去告诉他们有关我所做的那份区域报告。他们要我把建议说出来,并且……"

"真的吗?"梅尔说着,一副心不在焉的样子,"那真好,亲爱的。

吃点酱肉吧。我有没有告诉过你那个早上来修理火炉的人？他说有些地方需要换新的。你吃完饭后去看一下好吗？"

"当然好，亲爱的。噢，像我刚才说的，老索洛克蒙顿要我向董事会说明我的建议。起初我有一点紧张，但是我终于发现我引起他们的注意了。甚至连毕林斯都很感动，他说……"

梅尔说："我以前就认为他们并不够了解你、重视你。比尔，你必须和迈克谈一谈他的成绩单。这学期他的成绩太糟糕了，他的老师说，如果他肯用功努力的话，一定可以念得更好。我已经没有办法劝他了。"

到了这个时候，比尔终于发现梅尔对他的话题并没有太大的兴趣，于是他只好把他的得意和酱牛肉一起吞到肚子里去，然后完成有关火炉和迈克成绩单的任务了。

你会想：难道梅尔的问题就不重要了吗？当然不是，她和比尔同样都有找个听众的基本需要，只是她把时间搞错了而已。如果梅尔能全心全意地听完比尔在董事会上所出的风头，比尔就会在自己的情绪发泄完了后，很乐意听她谈家事了。

女人要懂得在什么时候倾听，什么时候发言。善于倾听的女人不仅能够给自己的丈夫最大的安慰和宽心，也同时拥有无法估计的社会资产。一个文静、不矫饰的女人远胜过一个喋喋不休的女人。

以机智闻名的杜狄·摩尼曾把一个优秀的男人描述成：当他自己最熟悉的事情被一个完全不懂行的门外汉说得天花乱坠时，他仍旧很有兴趣地听着。这种描述对于女人来说更加适用。

卡耐基口才金言

妻子最重要的事情并非洗衣做饭生孩子，而是与丈夫能从精神上相互扶持。做丈夫的"好听众"，聆听丈夫的倾诉，分享丈夫的苦恼，为丈夫提供精神上的支持和帮助，是做妻子的责职。

第八课 [让家庭幸福快乐的完美口才]

好男人是好女人夸出来的

每一个女人都希望她的丈夫能成为她理想中的那个人,要做到这一点,女人需要相当的智慧。要让一个男人变得优秀,你就不要挑剔他,不要拿他与隔壁的某某人相比,也不要设法给他巨大的压力,而应该温柔地鼓励他、赞赏他。

当他们听到"你真了不起,我很以你为荣,我真高兴你是没有女人不喜欢的男人"这类话,尤其是出自对他们至关重要的妻子口中的时候,每个男人都会高兴得跳起来。

许多成功的男人都可以证明这种说法的真实性。例如,拥有派克斯货运和装备公司的派克斯先生就有这种体会。

"我确信,"派克斯先生说道,"一个男人不但可以成为他理想中的人,而且也可以成为他太太所期望的人。多年来,我曾雇佣了许多员工,但是在我和他们的太太谈过话之前,我是不会把一个需要信任或有重大责任的职位交给他们。因为一个妻子的人生观以及她对先生信任的程度,可以决定一个男人在事业上的成败。我之所以这么说,是因为我自己就有这种经验。

"我太太在嫁给我以前十分富有——富有的双亲,受过良好的教育,有一个快乐的家。我却是个穷小子,只受过很少的教育。除了有想闯天下的欲望以及她对我的爱与信心之外,我什么东西也没有。

"在我们婚后最初的几年里,日子过得十分艰苦。每当我面对失败与挫折而灰心丧气时,她的理解和不断的激励是我继续努力的唯一动力。

"在我的生命中,如果有了什么成功,全是由我太太不断地鼓励带来的。就算在我最无助潦倒时,她也没有离开我。每天早晨我离开家时,她从不会忘了对我说:'鲍伯,我相信你今天一定会过得很好。别忘了我爱你。'当我回家时,她也总是耐心地倾听我一天的工作情况。为此,我曾发誓永远不会让她失望。到目前为止,我做得还不错。我会继续努力达成她的希望的。"

不幸的是,有许多女人做不到派克斯太太这样,用鼓励和爱帮助丈夫前进。她们虽然也希望丈夫出人头地,但却一直在讽刺他们,鄙视他们,于是她们的丈夫就永远不可能满足她们的需要了。

卡耐基口才金言

挑剔和指责会让男人难堪、丧失信心,让一个好男人变成差男人。鼓励和赞赏会让男人感激、信心百倍,让一个差男人变成好男人。

用爱的语言表示对丈夫的信任

信任是一种主动的特质,它不会承认失败,只会帮助恢复失去的信心。

西盖·洛克曼尼诺夫,这位伟大的俄籍音乐家,在25岁的时候就已

第八课 [让家庭幸福快乐的完美口才]

是个成功的作曲家了。然而,由于过分自负,他写了一首很不成功的交响曲,遭到了大家的批评。为此他十分泄气,度过了一段沮丧失望的日子。最后他的朋友带他去看尼可拉斯·达尔医师,一位心理医生。达尔医生一次又一次地反复告诉洛克曼尼诺夫:"你的身上潜藏着伟大的东西,等待着你向全世界宣布。"

这个想法渐渐地在洛克曼尼诺夫心里生了根,终于使他重新恢复了自信心。第二年圣诞节前,他已经完成了那首伟大的C小调第二协奏曲,并且把这首曲子献给了达尔医生。当这首曲子公演的时候,听众们都听得如痴如狂,洛克曼尼诺夫再次尝到了成功的喜悦。

信任和支持对于男人,就像燃料对于引擎那样重要。它能使男人的心理和精神重新充电,将失败转为成功。

厄运有时候会挫伤男人的锐气,严重的打击还会使他们直不起腰来,但如果这时有人告诉他们:"别灰心,像这样的事情是打不倒你的。我支持你!"事情就会不一样了。

这就是妻子们对丈夫的一种信任,她们以一种特殊的能力看到了丈夫所特有的潜力。她们不是用眼睛去看,而是用心去看。

你对丈夫的信任不能埋在心中,要用语言表达出来,否则就毫无意义。你要用鼓励、赞美与爱的语言和行动表示出来,让你的丈夫真真切切地感受到你对他的爱和信任。

卡耐基口才金言

在这个世界上,最该信任你丈夫的人就是你自己。如果身为他妻子的人都不相信他,还有谁会全心全意地信赖他?

学会提高丈夫的影响力

我们每个人都有自己的缺点。贝多芬是聋子，拜伦是跛子，拿破仑怕在大众面前讲演，甚至连勇猛无比的亚契尔斯也有他的弱点——他的脚跟。

问题是，男人的错误有时候会阻碍了他的前程，但是女人的错误，就只会影响到她在家庭和社交上的成功。

例如，每一位商业界人士都将会告诉你，记住别人的姓名和容貌是多么重要的能力，然而他们之中大部分人将会接着说，他们发觉这一点很难做到。与其为丈夫差劲的记忆力感到遗憾，倒不如妻子训练自己去记住那些名字，当她发觉丈夫正在犹豫不决时，赶快帮个忙。

如果妻子愿意，她还能够补弥丈夫某些训练上或是教育上的缺陷。许多自学成功的大人物，都是由于他那个有学识与有教养的妻子的帮忙，才能获得成功。安德鲁·约翰逊总统的妻子，在结婚以后才教总统读书和写字的。

现代许多人已经被自己的专门学识局限了，没有机会或空闲去学习其他东西。这种人如果有个妻子，能够在一群人谈及音乐、文学及相似话题的时候应答如流，他是多么幸运。

有些男人太谦虚了，这对他自己不见得好。如果你的丈夫就是那种习惯于看轻自己的成就的人，那就会有一种危险，别人也真的会严肃而坚决性地认为，他确实不是一个有才干的人。

你该怎么做呢？以下有些建议，能够帮助一枝干枯的紫罗兰重新盛开花朵：

第八课 [让家庭幸福快乐的完美口才]

（1）提醒他过去曾经做过的成功的事情。

（2）利用机会尽量向他发问，鼓励他发表自己的意见。

（3）多和能够激励他的朋友交往。

虽然你的丈夫所带给他人的印象不能正确地代表他的内在价值。但是，这个印象的确也决定了别人对他的看法。所以，你何不帮助他给旁人留下一个好的印象呢？

卡耐基口才金言

做妻子的要努力提高丈夫的影响力，使别人注意到丈夫的长处，将丈夫的缺点减到最低限度。

不该对妻子说的话千万别说

有一些话，说出去以后非常伤人。夫妻之间也是如此，有一些不能说的话男人千万不能说。夫妻间在日常生活中要注意不说下列五种话。

1. 带"脏字"的话

带"脏字"的话是夫妻之间的百祸之源，夫妻之间争吵，切忌出言不逊。骂人之所以使人气恼，是因为骂人的话最难听，使用的都是侮辱人格的语言，既损伤对方的自尊，也毒害子女的心灵。

2. 责怪的话

做错事本来就后悔不已，再责怪就如火上浇油。婚后夫妻长期生活在一起，会逐渐发现对方的不足，甚至还有做错事的时候，这时要体谅对方，不要不分场合在人前责怪爱人，这往往会引起对方的反感和不快，难免引发争吵，这样势必伤害夫妻感情。

3. 谎话

无论男人具有如何的品质，千万不能对夫人撒谎，夫妻间应以诚相待，不说谎话。相互信任是爱情巩固的基石。生活中因一句谎话引起夫妻隔阂和产生夫妻矛盾的事例屡见不鲜。

4. 讽刺话

经常夸奖自己的爱人，满足爱人的心理需求，从而深化了夫妻感情，这才是聪明人的行为，毕竟，夫妻之间贵在相互理解、相互信任、相互尊重。但生活中有一些家庭，夫妻之间喜欢互相对对方的短处进行讽刺，这是非常不好并且很危险的事。每个人都有他的长处和短处，谁都不愿意他人触及伤痛，更怕自己的亲人揭短。如果说，连自己的爱人都小瞧自己，心灵所受的伤害将会很大！

5. 绝情话

电视中夫妻之间争吵的镜头十分多见，给人最深印象的那些伤感情的语言并不是不能入耳的脏话，而是一些过头话、绝情话。如"我后悔嫁给你""我那时怎么瞎了眼""你滚"等，甚至把"离婚"整天挂在嘴上。婚姻是一件十分严肃的大事，是两个生命的以身相许，一句伤心话，说者无意，听者有心，容易产生隔阂。

卡耐基口才金言

> 夫妻间也并不是能够无话不谈，有时言语不慎，会引起双方不快，甚至导致婚姻破裂。男人一定要管好自己的嘴，尤其是面对比较敏感的妻子，男人就更应该多加注意，以免引起不必要的矛盾。

第八课 [让家庭幸福快乐的完美口才]

欣赏妻子，使两颗心更加贴近

作为男人，你知道妻子最渴望得到什么吗？妻子渴望得到你的重视和宠爱，妻子渴望你去欣赏她。

在非洲有这样一个民族，流传着一个感人的故事。

这个民族的族长有4个女儿，大女儿、二女儿和三女儿都漂亮能干，她们都是以8头牛的聘礼被人娶走了。可四女儿玛莉就逊色多了，相貌平平，看上去既不漂亮也不能干，而且总是低着头，一副羞怯的样子。于是族长说："谁愿意娶玛莉，4头牛的聘礼就足够了。"可是，一个年轻人坚持用8头牛的聘礼娶走了玛莉。婚后，族人们惊讶地发现玛莉变得非常能干，言行得体、落落大方，而且比以前漂亮多了。族长问姑爷是怎样改变她的，姑爷微微一笑，说："我只是对她说，你并不比3个姐姐差，你温柔善良，是难得的好女人，确实值8头牛的聘礼。"

老公的赞美、肯定和欣赏改变了玛莉。其实，在我们身边，绝大多数女人都像玛莉一样是普通而平凡的。尽管你的妻子是一位平凡的女人，但如果你用不平凡的眼光来欣赏她，就会让她充满自信，她会不由自主地昂首挺胸，她会想"原来我也是非常优秀的"，也会以更高的标准来要求自己，审视自己，于是，改变、进步就顺理成章了。所以，聪明的老公一定要告诉你的妻子：你一直都是这样美丽与优秀啊！

妻子是需要男人的关注和鼓励的，是渴望男人去欣赏和赞美她的。那么，妻子希望自己在哪些方面得到男人的关心和宠爱呢？有专家总结出下面一些内容。

1. 妻子需要忠实可靠的男人

女人择偶时，通常较重视各种实际的因素。女人也许亟须爱情，但她们内心最关注的是：这个男人可靠吗？因此，男人除了要注意头发、衣服和礼貌外，还需具备仁慈大方和忠实可靠的品德。

2. 妻子希望男人容忍她的缺点

妻子希望这个能和她白头偕老的男人把她视为地位同等的人，尊重她的人格，容忍她的缺点。

3. 妻子需要男人赞美和鼓励的话

妻子需要男人明确的赞美："你这个发型很好看"、"你穿红衣服很漂亮"等等。这种赞美的话能给女人鼓励，使她会更注重打扮，使你们的爱情不断得到滋润。

4. 妻子希望男人耐心倾听她说话

男人心目中的交谈是为了研究问题、辩论是非，找出解决问题的途径。为了达到这个目的，他也许会一再打断女人的讲话，要她"明白"他的意思。然而，女人希望男人友善地倾听，而不愿让男人老是发表意见，她们会说个不停，直到心里觉得舒畅为止。

5. 妻子需要带有情感的礼物

从女人的观点来看，最好的礼物是那些较平实的，而不是浮华夸张的。有个男人专门收集情人卡，随时送给太太，每当她心情不好时，他就把一张卡放在她可能发现的地方，这使太太非常开心。

6. 妻子希望男人重视她的工作

妻子希望她们的丈夫重视她们的工作，就像他们重视自己的工作一样。每次太太谈论她自己的工作时，男人应竖着耳朵细听。不用说，在这

第八课 [让家庭幸福快乐的完美口才]

方面沟通好了，你们之间的感情会越来越深厚。

男人的欣赏和赞美对妻子而言是一种向上的动力，妻子不仅可以从中汲取信心和力量，还能感受到成功的喜悦，得到心理上的满足和精神上的享受。挑剔只能拉大彼此的距离，赞美却可以使两颗心更加贴近。爱必须通过某些途径来表达，比如把你心里对她的欣赏化为赞美的言辞。这样爱才能在阳光下绽放，否则只能像假花，没有香气，没有生命力，更不能在妻子心中激起感动和热情。

上帝把女人创造得太感性了，像一朵开放在晨曦中的茉莉花，细腻、轻盈，一阵微风都可能使她飘飘欲飞。男人的一句赞美也许会换来妻子一整天的快乐，而她的快乐正是你的幸福。一个好男人会在妻子需要的时候，真心地对她说一句肯定赞美的话。

卡耐基口才金言

一个男人对女人的真诚赞美，会让女人因此美丽、快乐地过一生。

夫妻之间，不要好为人师

我们常常以领导的身份批评、指责配偶能力太差、水平不高、学问肤浅……提出近期目标，勒令限期完成；我们常常以老师的身份教授知识，诲人不倦，要求配偶谦虚好学，不耻下问，还讲究师道尊严；我们常常以家长的身份教育对方，苦口婆心，循循善诱，软硬兼施，既要立规矩，又要搞控制，还要求配偶由被动变主动，形成习惯，自觉做个乖孩子；我们常常以救世主的身份施恩图报，盛气凌人，要求配偶承恩不忘，甘居下风；我们常常以乘凉者的身份要求大树枝繁叶茂，树冠蓬勃，树干坚定，风来雨来享受太平。

这样一来，导致夫妻之间纷争太多，自然削弱和睦。

想一想我们的处境，宇宙博大，沧海横流，我们的家只是一个洞穴，钻进洞穴的夫妻，犹如两只勤奋的鼠。我们渺小而机灵，为生存不敢懈怠，一点一滴地营造幸福，延续后代。忙碌百年，也只是实现两个字：生存。生存又多么艰难啊，风云变幻，祸福难卜。但我们毕竟有个洞，洞里有夫妻，做着属于夫妻的事情。

如果我们把自己看得渺小，以渺小的心理解对方的平庸，宽容而充满爱心，让他以独立的人格完成自己的人生。那我们还有什么纷争呢——有时，我们之间的摩擦，仅仅是一个想不通。

我们虽然渺小，也是一颗宇宙间闪过的流星。我们人生一场，有自己的抱负和社会责任，在这一意义上我们是伟大的。人生如梦，我们还必须只争朝夕。这时，我们应该从自己的洞穴窜出来，夫妻不再是渺小的鼠，而应该是强悍的虎，雄风抖擞，去拼搏，去干出一点事情。或许我们受伤了，便又变只鼠，缩进我们的洞，我们的配偶会抚慰我们。或许我们雄踞山头，威震八方，但我们还要变只鼠，钻进我们的洞，那里有夫妻的温馨在召唤、在迎候。

夫妻不必在洞中以鼠的状态，追究和讨论那些属于虎的事情，在外面强虎也罢，弱虎也罢，洞里是施展不开的。待到出了洞，尽可八仙过海，各显其能。

家庭中，夫妻要尽可能避免：

（1）为对方设计未来，批评对方事业的成败得失。

（2）评论对方亲朋好友，监视对方的行踪去向，探听对方的计划方针。

第八课 [让家庭幸福快乐的完美口才]

（3）在对方没提出请求的情况下，为对方的工作、事业奔波忙碌。

（4）强求对方将收入交由自己管理，怀疑对方隐瞒收入。

（5）讨论彼此职务高低，成就如何，能力大小，收获多少。

卡耐基口才金言

> 夫妻应以平等的身份，在相互爱慕的气氛中共建幸福家庭。当然，家庭以外的话题不可拒绝回避，只要遵循上述原则，充分尊重对方，做到轻松舒畅，将会更显和睦气氛。

浓情蜜语，满足妻子小小的愿望

我们都有愿望被实现的经历，那是愉快而美妙的心灵体验。为你爱的人，为你的妻子实现一个小小的愿望，同时你也得到了快乐。满足妻子的小愿望不会花费多少金钱和时间，却可以表达你对她浓浓的情意。她的愿望也许是阳台上的一盆花，一个有你陪伴的安静而美丽的黄昏，一顿你们一起做的晚餐。男人应该知道妻子正期待着什么。如果你不知道，不妨婉转地问问她，再去为她实现。

马克是数学教员，做任何事都像对待数学公式那样，一板一眼。妻子是音乐教师，她的性格就像一串流动的音符。他们走到一起是受互补原则的影响，妻子喜欢他的"沉默是金"，他喜欢妻子的活泼好动。

生活在他面前就是一道数学公式，他每天都有周密的安排，然后按部就班地去做每一件事。虽然妻子心血来潮时会给他制造些"意外",但这些"意外"并没有打乱他的生活。

周末,妻子充满期待地问他:"你有什么安排?"

"有两个讲座,我得参加。你想做什么?"他问。

"我想有什么用,你的时间又不肯分给我。"妻子以前也常这样抱怨,但这次,她落寞的眼神让他觉得自己真的做错了。

参加完讲座回来,一张音乐会的海报吸引了他。妻子很喜欢听音乐会,怪不得她那天那么失望呢。谈恋爱时他们听过两次,不幸的是他都睡着了,后来就再也没听过。他突然意识到自己为妻子做得太少了。

买了两张票,他兴冲冲地回家,献宝似地递到妻子面前:"下周的,我提前约你,不能失约哟。"妻子兴奋地拥抱了他。那些天,妻子特别开心,对他格外地好。

妻子有时候就像个孩子,她抱着一个空盒子来到你面前,等着你把为她实现的愿望放进去,眼里全是期待。你每放一次,她都会对自己说:看,他是爱我的,他对我多好。她担心爱会疏远,所以需要不断地证明。男人每满足她一个小小的愿望,就是"你爱她、你在乎她"的凭证,是你在向她表明:我正跟随着你的愿望,和你肩并肩走在一起。而为了体察妻子的心意,男人会更关注妻子的生活,主动去了解她。这样,夫妻间的交流又会进一步加深。

列一张单子,写上妻子希望你为她做的事,随时发现,随时补充,每隔一段时间就去给她一个心灵安慰。持之以恒,你会看到生活的改观,也会在不知不觉中,成为一个体贴妻子的好老公。

体贴是很现实的事,越现实的体贴,越能使爱人感受到温暖。男人们要了解这一点,女人虽然浪漫,但还不至于浪漫到无边无际,在生活中的大部分时间里,她们是很现实的,更关注眼前的生活。老公的体贴也要贴近生活,满足她一个小小的愿望,是男人体贴妻子的好方式。

第八课 [让家庭幸福快乐的完美口才]

卡耐基口才金言

女人对男人的要求,有的时候并不是一定要很有钱,她们要的是男人的真诚。一个男人如果能够从小处体贴妻子,让妻子感觉到你的爱,一定能有幸福美满的生活。

爱她就给她一个自由空间

女人都好面子。男人要学会照顾女人的情绪,对妻子相敬如宾。

有位社会学专家曾经这样论述爱情:"相爱的人给予对方的最好礼物是自由。两个自由人之间的爱拥有必要的张力,这种爱牢固而不板结,缠绵而不粘滞。没有缝隙的爱太可怕了,爱情在其中失去了自由呼吸的空间,迟早要窒息。"每个人在生命历程中,或大或小总有一块属于自己独占的领地,承认、尊重和保护这块领地,是维持夫妻间良好情感的必要因素。

夫妻之间也要给对方留出适当的空间,给对方一部分相对的自由。要想夫妻之间和谐相处,就要接受、尊重这个自由的空间。一个好男人应该清醒地认识到,人是独立的个体,没有哪个人可以真正地、完全地理解另一个人,即使相爱的人也是这样。

爱就是你手里的一捧沙,千万不要把它握得太紧。好丈夫要给妻子相对独立的空间,不要事事都过问,时时都要知道她在哪里、做些什么,不要要求妻子总是和你同步,别计较她偶尔没对你说的心事,也别过多地盘问她的朋友,等等。你可能只是出于关心,但妻子不是小孩子,很多事情她自己能够处理,等她不能应付时,自然会求助于你。有些文学作品把相爱的两颗心描写得"天衣无缝"时,请别忘记:在燃烧的木柴之间留出一些空隙,火才会更加旺盛。相反,如果时时刻刻毫无遮掩,完全显露在别人的注视之下,这种生活也许够真实,但绝对不轻松。

夫妻之间能亲密无间自然是好事,但如果你的妻子希望保留那样一个空间,请你尊重并容纳它。妻子会在这样一个空间里静静思考、完全放松或靠自己的力量解决一些事情,然后以更积极、自信的状态投入生活,同时也给你同样的自由。这段"距离"不会影响你们的感情,给彼此一点距离、一份宁静,就像在夏日的午后懒懒地打个盹儿,相信会有更高品质的爱。

男人怎样才能够做到尊重妻子呢?

1. 尊重爱人的喜好

夫妻之间,有很多的兴趣爱好都存在着很大的差异,不可能完全相同。这时候,就需要夫妻间互相尊重、支持和配合,努力使两个人的爱好向一起靠拢,以使矛盾尽可能少地发生,切不可根据自己的所需,鄙视对方的爱好,强迫对方服从自己,这样只会使夫妻之间的共同语言逐渐减少,甚至导致感情破裂。

2. 爱惜爱人的劳动果实

现在的女性不同于以往,每个人都拥有一份自己的职业,在外面忙碌了一天,回到家里还要忙着做家务,这在整天提倡的男女平等中,本身就是一个不平等,但大部分妻子并没有说什么,仍然是做了。可是却有很多做丈夫的不能很好地体谅妻子,反而认为做家务是妻子理所应当的分内

第八课 [让家庭幸福快乐的完美口才]

事，因此就不太尊重妻子的劳动。经常是这儿不对那儿也不对，总是挑剔衣服没有洗干净，饭做得不好吃等等。想一想，妻子每天为做家务付出了很大的代价，却得不到丝毫的尊重，这是一种多么大的伤害，对于夫妻感情的发展也是极为不利的。

当然，如果妻子不尊重丈夫的劳动，也会破坏夫妻间的感情。

3. 尊重爱人的职业

目前，夫妻俩都有各自的工作，有的可能是妻子的工作好一点而丈夫的工作差一些，也有的是丈夫的工作好一些而妻子的工作差一点，这种情况下，有时夫妻间就会产生不尊重对方工作的现象。这种做法是极端错误的，无论职业怎样，每个人都是平等的人，夫妻间切不可因为其所从事的职业而不尊重对方。

4. 相互尊重

夫妻之间的打骂，是破坏夫妻关系与家庭稳定的罪魁祸首。夫妻两人说话要和和气气，遇到什么事，大家协商解决，不能一意孤行。丈夫不能有大男子主义，以为我是一家之主，想做什么就做什么，想说什么就说什么，妻子是我的私有财产，我想打就打，想骂就骂；做妻子的也要防止出现"妻管严"的现象，不能对男人的任何事情都要问为什么，不给他一点自由，使他失去作为男子汉的尊严。这样的夫妻生活实在不应存在。互尊互敬，应是夫妻生活中最基本的要素。

卡耐基口才金言

> 尊重别人是人与人交往过程中最基本的要求，夫妻间更应该如此。尊重妻子是维持正常婚姻关系最基本的一个条件。

在她最需要你的时候给她爱

相信不是每一个妻子都会坦诚自己有脆弱的时候，逞强是有的女人一贯的作风，脆弱只有背着丈夫独处时才有可能出现。而有的女人把事业当做生命，由此这类女强人在事业上也最容易脆弱。例如，当一个女人事业心非常重，但遇到职场挫折便会像泄了气的皮球一样，一蹶不振，此时就是这类女人最脆弱的时刻。又比如，当一个女人视爱情至上，当她失去爱侣时便是她最脆弱的一刻，因为她一向依附寄托的东西突然之间失去，心灵像失去了一层保护膜或支撑点，赤裸裸地呈现出来，孤单落寞，甚至崩溃。

任何一个女人，都需要在情感上得到支持，即使所谓性格倔强的女人也是如此。在困难时刻，更需要从丈夫那里得到支持。在家庭中，做丈夫的尤其应该记住，许多家庭的幸福，都是由于丈夫善于说恭维或关心妻子的话，因为女人喜欢听。即使是事业型妻子，也会心甘情愿对不那么高明的奉承作出响应。因此丈夫要学会鼓励妻子，尤其是妻子最脆弱的时候。

丈夫应该怎样鼓励妻子呢？

1. 生活中丈夫要给妻子以鼓励

自古以来男人在家庭中都占有主导地位，这是不能否认的，之所以有家的存在，这是因为家是由男人和女人组成的，而男人又不可避免地扮演了家庭生活中的顶梁柱。许多妻子为了丈夫的事业成功，甘愿放弃了很多本该属于自己的精彩，给予丈夫默默的支持。所以男人更要学会在生活中

给妻子以自信,让妻子能够得到些许欣慰。例如,你可以做一餐极为简单的饭菜,给妻子一个紧紧的拥抱,告诉她这是你对她的感谢。你主动擦一次地板,并送上深深的一个热吻,告诉妻子这个家是两个人的,你愿意把这个家变得更美好。要妻子知道自己在这个家庭中永远是必不可少的。学会给妻子奖励才能使你们的家变得幸福。

2. 事业上女人需要丈夫的鼓励

事业对有些女人可以说是极为重要的事情,面对这类妻子,丈夫要学会在事业上给她们自信。女人事业如意了,不要泼冷水,恭维的话是必需的,让妻子能在你的支持下更上一层楼。女人事业失败了,不要冷嘲热讽,不要埋怨唠叨,鼓励的话是必要的,让女人能在你的支持下从逆境中走出来。

卡耐基口才金言

有责任心的男人是懂得给妻子鼓励的男人,知道在她脆弱时候需要你宽广温暖的胸怀和温柔的抚摸,给妻子以鼓励和安慰,把握住彼此间的爱。

言语行事处处表现男人的宽容心

有人说,家是讲爱而不是讲理的地方。要想有一个和谐的婚姻关系,夫妻双方不能太理智。丈夫要能包容妻子,妻子也不能过分较真。

一位哲学家说过,一个宽宏大量的人,他的爱心往往多于怨恨,他乐观、愉快、豁达、忍让,而不悲伤、消沉、焦躁、恼怒。他对自己伴侣和亲友的不足之处，能以爱心劝慰，晓之以理，动之以情，使听者动心、遵从，这样，他们之间就不会存在感情上的隔阂、行动上的对立、心理上的怨恨。

在家庭中宽宏大量的男人，能够使家庭危机化险为夷。比如，妻子的特点是说归说，做归做，妻子每天做家务，心里觉得不平衡，难免嘴里要唠叨几句，发发牢骚，对此，男人不要计较，拿出"宰相肚里能撑船"的气量或开开玩笑。与宽宏大量的男人一起生活，妻子会安全、放心，没有后顾之忧。

男人的品质有许多种，唯有他的宽容对一个妻子来说最重要。有医学研究证明：妻子的容貌如何，除了天生因素外，还与她老公的态度有关。男人怎样才能让自己变得更宽容呢？

1. 宽容是种态度

宽容是和颜悦色、平心静气。有事同妻子商量，凡事不强加于妻子；不轻易干涉妻子的职业选择，尊重并鼓励妻子的兴趣爱好；若妻子工作忙，无暇做家务或没做好家务，宽容的男人会主动帮妻子做做家务，而不会随意抱怨；妻子出了大错，批评起来有所节制；对妻子的家人和朋友如同对自己的家人和朋友一样友善，绝不会在妻子对婆家或娘家的厚薄问题上斤斤计较；即使妻子待自己的父母比公婆更亲一点，也将其看作是人之常情。如此才算得上是一位堂堂正正的男子汉所应该拥有的态度。

2. 因自信而宽容

宽容的男人因为对爱情的自信而营造了宽松的家庭氛围，坚信自己的妻子绝不会无故背叛爱情，所以从不疑神疑鬼。宽容的男人会给妻子生活的自主权和自由度，允许妻子有正常的异性朋友和正当的社交活动。

他不会因妻子跟别的男人多说了几句话就失去理智、大发醋意。有的男人对妻子格外不放心，除了种种客观原因外，他对爱情的不自信也是最

第八课 [让家庭幸福快乐的完美口才]

主要的。他们不是苦练内功，增加自身的魅力，而是对妻子横加限制。他们以为这样可以将妻子牢牢拴在身边，结果往往适得其反。

3. 健康的男人

宽容的男人具有健康的心理。狭隘的男人生怕妻子强过自己而被别人瞧不起。他们宁可自己无能，也不让妻子出头。这些封建意识较重的男人常以要做家务为借口，把在职场努力工作的妻子重新拉回家庭。而一个真正的男人，他们既不自傲也不自卑，在"男强女弱"的现实社会中，如果妻子比自己地位高，事业比自己成功，挣钱比自己多，他们绝不认为这是在无形中贬低自己，他们由衷地为妻子感到自豪。

4. 君子坦荡荡

古人说："君子坦荡荡，小人常戚戚。"宽容是内心善良的外在表现，只有与人为善才能宽以待人。那些以自我为中心的人难以待人宽容，他们始终认为世界是围绕着他们转。这种人对妻子也难免刻薄、挑剔。

他们喜欢在妻子面前比较其他的女人，总觉得人家饭菜最香，别人的妻子比自己的好，因此指责妻子。他们独揽家庭大权，无论妻子做什么事都必须符合他们的心意。这种狭隘的自私心理使他们不能平等地对待妻子、尊重妻子，更谈不上对妻子宽容。

居家过日子每天都要遇到一些大事或小事，因此生活中的种种矛盾很难避免。如果遇到事情夫妻之间总是斤斤计较，非要弄个谁是谁非，硬要讨个"说法"，这种较真的结果只会带来烦恼和忧愁。久而久之，不利于身心健康。特别是作为丈夫，作为男人就更不应该在小事上斤斤计较。有的男人，在妻子买回东西后，问得特别仔细，菜多少钱一斤；单位出差和谁一起去，去几天，都去哪，怎么去等等。同样，有的妻子也对男人买回的东西品头论足，这东西你买贵了，或者是质量上有问题，你就没好好挑挑等等。这些都是有违夫妻和谐相处法则的。

对生活中无原则的事，不必认真计较。从心理学角度看，对无原则性、不中听的话或看不惯的事，装作没听见、没看见或随听、随看、随忘，这种做法，不仅是处世的一种态度，亦是夫妻和睦的秘诀。

卡耐基口才金言

> 作为男人，要有一颗宽容的心，不要对小事斤斤计较，不要过于注重生活琐事，不要对妻子求全责备。说话行事上豁达大度，多包容体贴妻子，这是夫妻和谐相处法、婚姻幸福的要则。

深入内心坦诚交流，改善夫妻关系

婚姻中难免出现危机。夫妻双方都要对婚姻危机的出现负责。当出现婚姻危机时，双方要努力解除危机，达到夫妻双方的和谐，对于男人来说，更应当如此。夫妻双方应该怎样做呢？一般而言，可以从下面几个方面努力。

1. **婚后夫妻双方保持适当的距离**

结婚之后，夫妻间应保持一种恰当的距离。莎士比亚有句名言："最甜的蜜糖，可以使味觉麻木，不太热烈的爱情才能维持久远。"不太热烈就是说要在亲密的同时，保持一定的距离，即要亲密有间。一对夫妻，天天厮守在一起，重复着同一套生活模式，难免不生出厌倦乏味的感觉。正如赫尔岑所说："人们在一起生活太密切，彼此之间太亲近，看得太仔

第八课 [让家庭幸福快乐的完美口才]

细、太露骨,就会不知不觉地、一瓣一瓣地摘去那些用诗歌和娇媚簇拥着个性所组成的花环上的所有花朵。"适当的分别,有利于保持夫妻间的神秘感和新鲜感。我国自古就有"小别胜新婚"的说法。现在,有人提倡夫妻分床睡觉,既有利于休息,又会使夫妻双方保持各自魅力,让相互的爱情在若即若离、不冷不热中久远维持。而国外的一些专家也发表自己的观点,认为每周见一次面的夫妻感情最好,关系最稳定。

有些道理大家都明白:大桥桥面的某些联结处还要留缝隙呢,否则由于热胀冷缩的作用,桥就会挤裂。热水瓶装热水,如果装得过满,反而不利于保温。夫妻之间若是一点"缝隙"都不留,反而不利于"感情保温",迟早要"挤裂"的。

对于大多数夫妻来讲,要保持距离并不难,但往往难的是要保持多大的距离,这一点人们不是很确定。保持心理距离,就是让夫妻保持各自个性上的闪光点。让夫妻各自保留心中的一块自由活动的绿地,谁也不要试图挖空心思地去改造对方,而是要设法适应对方,让对方有独立的人格、独特的个性和适度的自由的生活圈。

当然,夫妻间应保持的这个距离不应太远。那么,究竟保持在什么样的程度呢?有个作家说过:"当我痛苦或迷惘时,不要让我牵不到你的手。"那就离开她一点距离,但别让她牵不到你的手。

2. 婚姻不需要沉默

男女双方在结婚前经常有说不完的话,每时每刻在一起似乎都觉得不够,但当结婚组成家庭后,亲密的话不知不觉变得越来越少了,夫妻之间似乎变得没话可说了,语言简练到令人吃惊的地步:"饭做好了吗?""孩子衣服脏了!""该睡觉了。"调查研究发现,许多男人认为:一旦成为夫妻,就是自家人了,她爱我,我爱他,这谁心里都明白,没有必要唠唠叨叨地说出来。作为夫妻,她做的是她应该做的,我尽的也是我的责任，两人又何必客套，显得假惺惺的。再说，恋爱时都是年轻人，我爱你、我少不了你之类的话，婚后的夫妻再说起来，也怪不自在的。

持这种想法和态度的大有人在，在这种观念支配下，许多男人结婚后似乎忘记自己婚前曾经对妻子说过的亲密话，似乎也忘了自己会说这种话，夫妻之间近乎冷漠到寡情的地步。专家称这样的夫妻为"爱情聋哑征"患者。真正的男人应该是：既懂大义，又明细情；既有七情六欲，又会适当地进行表达。那种缺乏温情的、冷酷的男人，实际上是心理不健康的人。

夫妻间的情话不能少。经常说情话可以增强夫妻间的沟通，一方说句笑话，或开一个玩笑，一下子就使气氛活跃起来了；表示一下亲热，说一句温柔体贴的话，立即唤起对方心底的春潮；一句抱歉和亲切的抚慰，立刻化解了对方的怨气；争论不休的问题，却因一句甜蜜的情话和温柔的爱抚而变得心平气和。

情话会产生奇妙的动力，处于冷战中的夫妻不妨试一试，肯定能使对方和自己都感到幸福！你们的生活亦会从此变得和谐起来。

3. 面对矛盾首先要忍耐

婚姻生活不可能每天都美好如初，天下没有不吵架的夫妻，尤其婚姻到了一定的年限，彼此在一起待得时间久了，大家都不愿意再刻意掩饰缺点，吵架就开始成了家常便饭。

吵架刚开始时一方一定要忍耐，没有耐心是不会有幸福的婚姻生活的。夫妻矛盾是很平常的，但处理时不一定要"气壮山河"，只要在矛盾没有激化前先忍耐一下，许多矛盾自会化解，生活会变得更加意味深长。

4. 委婉表达自己的意思

委婉是一种颇有奇效的粘合剂。委婉是一种以坦诚开放的沟通来对待

第八课 [让家庭幸福快乐的完美口才]

对方的方式，同时，也尊重他人的感受，不作无谓的伤害。委婉意味着依赖他人，尊重他人的感受。委婉有三大要素：一是诚恳与信赖；二是意识到或注意到他人的感觉，并且给予相当的重视；三是不去利用人，占别人的便宜，而是对人关怀与体贴。

在夫妻生活中怎样做到委婉相待呢？

（1）说话不要粗声粗气。说话粗声粗气起码有三个害处：一是损害对方对自我的看法，认为自己是不受欢迎的人；二是使受侮辱的人感到愤怒；三是证明你是个粗鲁无礼的人。

（2）态度要诚恳。委婉不是"虚假的骄傲"，委婉要求夫妻双方都要心悦诚服地接受自己的缺点，不辩驳自己对问题该负的责任。委婉的态度，就是诚恳的态度，就是要诚恳地接受对方的意见，诚恳地承认自己的错误，诚恳地向对方道歉。

（3）善于表达情感。夫妻之间不要刻意掩饰情感本身。有人误认为委婉便是虚伪或压抑情感，其实委婉完全不涉及爱情的掩饰和压抑。只有借助于委婉的表白和诚挚的态度来关怀体贴对方，才能建立真正亲密的关系。

（4）你要求别人如何对你说话，你就应如何对别人说话。这是学会委婉的一条根本原则，离开这条原则，委婉便成为一种摆设。

（5）委婉也不等于夸张地认错。夫妻在争论中，常常可以听到一方说："好啦，都是我一个人的错！"这种不分是非的态度，不是委婉的态度，而是一种圆滑的态度，这种态度并不能改善夫妻关系。

卡耐基口才金言

夫妻间的任何一方在作出某一决定或要求时，最好能解释原因，这样好让对方明白自己的心意，避免发生不愉快事情。

增进感情沟通，走出婚姻疲惫期

生活的一成不变有的时候会让人厌恶。结婚时间长了，有的人感到婚姻如一碗白开水，无滋无味。此时，婚姻就步入了平淡期。一般来说，平淡期的到来有下面几个原因。

1. 协调性、同步性、差异化加大

工作与地位的差距使得双方的机遇与背景大相径庭，各异的情景演绎出不同的心情故事。表现为懒得说话，互相指责，不再欣赏等。

2. 压力大了，包容度少了，磨合变得越来越艰涩

身处竞争社会，性格独立、强调自我发展、自恋意识相当顽强，压力大时，关注细节的余地小了，不愿意去寻找机会梳理没有打开的心结，与对方坦诚沟通。反映到婚姻中，容易让人变得易怒与偏执，缺少了磨合的耐心和忍受力。

3. 经济独立使搭伴过日子的模式成为历史

经济独立一方面减少了双方共同奋斗的目的性，模糊了家庭的责任感。但另一方面却让各自有了独立生存的能力和意识，婚姻不再被当成避风港，离婚率的提高使得人们对婚姻的稳固性产生怀疑，从而动摇了捍卫家庭的理念，心有芥蒂，7年不痒也就难出现了。

4. 对男人的期望值过高

女人经济的独立和视觉的开阔使得她们更注重自己在婚姻生活中的真

第八课 [让家庭幸福快乐的完美口才]

实感受,开始追求精神和物质的双重质感,这包括吃穿住行的高品质与生活质量的新格调,自然也就对男人有了过高的期望,指望男人事无巨细包揽一切,却不知道自己应该懂得包容与忍让。假如这个男人偏偏也是个衣来伸手的"小皇帝",7年之痒的提前来临似乎也是必然。

5. 精彩世界的诱惑,相继患上"爱的失语症"

满天飞舞着现成的手机短信,礼品套盒上也将甜言蜜语堆砌如山,造成公式化的爱语泛滥,爱心变得不再真诚无价,网恋、一夜情成了爱情快餐的当家菜,总会让人有尝尝鲜的冲动,而家里的爱人,则成了3年的回锅菜,只有解饱之功,并无回味之能,相比之下,自然觉得乏味,看看也就厌了。

6. 同居让人提早进入"准婚姻状态"

由于没有法律的保护,同居者不能像进入婚姻一样把逐渐减少的爱情和热情转化为亲情,相反,同居只会让人们知道爱情走入婚姻后有着怎样一付不堪的面孔。恋爱的风花雪月过早地被生活的一地鸡毛代替,这使得真正进入婚姻后爱与亲情的感情融合速度变慢,婚姻生活越来越平淡,这成为7年之痒提前来临的催化剂。

以上六个原因是导致婚姻生活疲惫的主要原因。如果还想让婚姻生活像新婚那样甜蜜,我们不妨从上面几点来审视自己的生活。其实,换一种思想看问题,也许能让我们快乐地过平淡生活,那就是把平淡看成是一种真实,并且享受平淡生活。

有句话说得好,平平淡淡才是真,但平淡的生活往往又令浪漫的人觉得"乏味",比如一日三餐,比如孩子老人。婚姻需要两个人用心经营,用心呵护。更为重要的是,置身于婚姻当中的人,一定要学会用感恩的眼光来看待一切,世界每天都在变,千万不能把什么都想成是理所当然的。要学会享受平淡的生活、平实的幸福,并在平淡与平实中添加一些温馨的色彩。婚姻不是索取，也不是纯粹的奉献，夫妻双方要学会在婚姻中共同成长。

细细品味，平淡的婚姻犹如一捧细沙。它也需要我们小心地珍惜与呵护。无论是抓得过牢还是张得过松，它都会从你指缝间溜走。

在平淡的婚姻中，夫妻如同乘一列火车观光的朋友，在旅途上，他们相互照料、相互体恤。如果给他们的爱情打分，他们的激情和浪漫程度也许只能打60分，如按婚姻的和谐持久来打分，则可打90分。他们的爱情也许永远无法建立那种爱和恨都深入骨髓的关系，可他们却能经受住各种严峻考验。你说它平俗，可它却很实用、很真实、很可靠。

夫妻间的生活犹如两盘石磨之间的磨合，不是她去适应你，就是你去适应她。你们一起经历风雨，穿越荆棘，走出沼泽，最终踏上的路是一马平川。无论是你最失意，还是最成功时，你都会发现，她才是你最大的牵挂。

当你晚年站在婚姻这座围城之巅，你会自豪地发现一个不变的真理：原来平平淡淡才是真。你才是婚姻的主宰者，而你的婚姻是那么真实、那么清晰、那么叫你感动不已。

婚姻不单单是两人世界，婚姻讲求实际，就是实实在在地过日子，每天开门就是：油盐柴米买菜难，水电住房生活费。在婚姻里，责任和理智是非常重要的，走过初始的"两人世界"，新婚的柔情蜜意渐趋淡化，"小天使"的即将降临人间尤让人感到肩上的分量。于是，婚姻之舟这才算是真正驶出了港湾。

这种平淡的婚姻是值得珍惜的，它是对现实婚姻和人的情感规律的一种透彻的认识和省悟，是一种难得的豁达和乐天知命。和最爱的人相伴终生，真是非常浪漫的一件事情。

人生中大风大浪可能会有，可是平淡还是家庭生活的主流。平淡是人

第八课 [让家庭幸福快乐的完美口才]

生最大的幸福。男人要学会安于平淡，要能够从平淡的家庭生活中体会出幸福。

卡耐基口才金言

夫妻关系需要夫妻双方用心经营。改善夫妻间的关系，让家庭时刻处在和谐氛围中，是男人的家庭经营之道。

第九课

[瞬间征服人心的魅力演讲口才]

精彩的演讲显示出演讲者口才的非凡、学识的广博、思想的敏锐、举止的优雅。成功的演讲归根结底要靠口才取胜，要想在演讲中口若悬河、挥洒自如，就要在语言的锤炼上下工夫，把语言用得巧用得妙，让它发出光彩。

演讲是一门语言的艺术。演讲者要以简洁有力的语言把事和理讲清楚，让人听明白，同时辅以优雅的体态语营造氛围，既有语言的征服力，又有声情并茂的感染力，如此必能产生打动人心的力量，赢得成功圆满的演讲。

练好演讲语言基本功

演讲一般由主题、材料、结构和语言四个要素构成。其中语言是最重要的要素。无论多么深刻的主题，多么动人的素材，多么精巧的结构，多么高明的表现手法，都必须通过语言表达出来。没有语言，其他要素就无法表现。语言运用得好与差，对演讲质量有极大影响。这就要求演讲者必须重视演讲语言的运用。

1. 善于运用通俗易懂的语言

（1）要口语化。口语化就是要求演讲者的语言要"上口""入耳"，这是对演讲语言的基本要求。"上口"是对说的方面的要求，就是讲起话来与平常说话没有什么差别；"入耳"是听的方面的效果，叫人听起来没有什么语言障碍，如同听平时说话一样顺当。所以演讲者要经得起说与听的考验。

这里所说的口语化，并不是日常口头语的复制，而是经过加工提炼了的具有规范化、逻辑性的口头语言。比如有些演讲者的即兴讲话，常常出现重复、啰唆、凌乱、模糊和用词不当、词不达意、词语搭配不当以及音节重沓、脱落、停顿、习惯上的口头语等问题，是不符合口语化规则的。

（2）要用通行的说法。通行的说法是大多数人用来表达意思的，是大多数人说惯、听惯了的，演讲中拿来就用，自然容易走进听众的耳里、心里。不太通行的说法、绕一些弯子的说法就不然，即使意思没有错，听

众听起来也觉得有些生硬，不自然。

2. 善于运用生动感人的语言

好的演讲，语言一定生动。如果只是思想内容好，而语言干巴巴的，那就算不上好的演讲。那么，怎样使语言生动感人呢？

（1）运用形象化的语言。形象化的语言能把抽象化为具体，深奥讲得浅显，枯燥变得有趣。运用形象化的语言，可以选用形象化的词语，就是形象色彩比较浓厚的词语，还可以选用形象化的修辞方法，比喻、比拟、夸张等都可以增强演讲语言的形象色彩。

（2）运用幽默、风趣的语言。幽默、风趣的语言能够增强演讲者演讲的表现力：既能深化主题，又能使演讲的气氛轻松和谐；既可调整演讲的节奏，又可使听众消除疲劳。

3. 运用美的语言

语言美，就是强调演讲者语言要有"音乐性"。

演讲语言的声音美，主要体现在声调的和谐和节奏的变化上。

（1）声调要和谐。演讲中注意声调的搭配，就有抑扬顿挫的效果，产生语言美。

（2）节奏要鲜明。演讲语言的节奏是由多种因素构成的。语言中的抑扬顿挫、轻重缓急的声音回复往返构成了语言的节奏。

总之，有张有弛、有急有缓、有断有连、有伏有起，是演讲语言节奏的基本要求。演讲者在演讲中要认真掌握，努力实践。

4. 要善于运用准确、朴素的语言

（1）语言的准确性。准确是指演讲者演讲时所用的语言能够确切地讲述事物和道理，揭示它们的相互关系。要做到这一点，演讲者首先要对表达的对象熟悉了解，认识准确。其次要做到概念明确，判断恰当，用词贴切，句子组织结构合理。

（2）语言的朴素性。朴素是指演讲者用普普通通的语言，明晰、通畅地表达演讲的思想内容，而不是在形式上追求词藻的华丽。

卡耐基口才金言

成功的演讲归根结底要靠语言取胜，在语言的锤炼上下工夫，把普普通通的语言用得巧妙，让它发出光彩。

准备属于自己的演讲素材

这里强调一个"自己的"，虽然念一本书也是一种准备，但并不是最好的方法。从书上找材料，是会有帮助的，但假如一个人仅想从书本上得到一大堆现成的材料，立刻据为己有而讲给别人听，难以获得听众热烈的掌声。

有一次，我为银行界开办了一个公开演讲班。这个班是在每星期五晚上5点至7点上课。某星期五下午某银行的罗先生一看表发觉已经4点半了，可是他还没准备讲什么。他走出了办公室，就在报摊上买了一本杂志，在去演讲班的途中，他挑选了一篇题目为《你只有10年的成功时间》的文章阅读。他阅读的目的只是为了在班上轮到他讲时，他能说点什么，而不至于冷场。

上课1小时后，他站起来试着很有兴趣、很有说服力地叙说那篇文章的内容。然而他并未消化融会掉那些内容，因而那些内容并未真正成为他

第九课 [瞬间征服人心的魅力演讲口才]

自己的东西,只是肤浅的记忆而已,讲出来也就缺乏激情,听众当然难以有较深的印象。他提到的只是那篇文章的作者说这说那,但很少有罗先生自己的看法。于是我对他说:"罗先生,我们真正感兴趣的不是这篇文章作者怎么说,而是你和你的意见,告诉我们你本人有什么可说的,如果现在没有,就将这同样的题目留做下星期讲。你可将这篇文章再读一遍,并问自己是否和这位作者意见相同,相同的话就用你自己的经验证明他的见解。假如不同,就讲出何处不同与为何不同,这样讲出来才能吸引人,才能使人印象深刻。"

罗先生接受此建议,重读那篇文章之后,发觉他与原作者的意见完全不相同,于是他反复思考、发挥、整理自己的意见。在下一个星期罗先生站起来又讲这个题目时,讲的就是他自己的材料,是从他自己"矿源里"挖掘出来的"矿石",因而真实感人,这次演讲非常成功。

这就是准备,只有自己真实的经验并加上深思后的演讲才会成功。

数年前,在纽约扶轮社午餐会上的主讲人,是一位声名显赫的政府官员,大家都拭目以待,期望听他叙述部里的工作情形。

当他一站到讲台上,我们就立刻发现,他事前并未作准备。起先,他本想随意作一番即兴演讲的,结果不成。于是他又匆匆忙忙地从口袋里掏出一叠笔记来。但是这些东西显得如此杂乱无章,就像一辆货车所载的碎铁片。他手忙脚乱地在这些东西中乱翻了一阵,说起话来越发显得尴尬而笨拙。时间一分一秒地过去了,他也变得越发无助,越发糊涂。到了这种地步他却继续挣扎着,还一边说些道歉的话。他寄希望于将笔记理出一点头绪来,同时用颤抖的手举起一杯水,凑到焦干的唇边,真是惨不忍睹!他已完全被恐惧所击倒,就因为他对此演讲几乎没有准备。最后他只好无可奈何地坐了下来。可以说,这是我所见到的最丢脸的演说家之一了。他发表演说的方式正像卢梭所说的:他始于不知所云,止于不知所云。

1912年以来,由于职业上的需要,我每年都要评鉴5 000次以上的演说。这些演讲者也给我大大上了一课:只有那些有备而来的演说者才能获得自信。试想想,当一个人上战场时,如果他携着带有故障的武器,身无半点弹药,还奢谈什么向敌方发起猛攻?林肯说:"我相信,我要是无话可说时,就是经验再丰富,年龄再老到,也无法免于难为情的境地。"

卡耐基口才金言

未经准备就出现在听众的面前,就像是未穿衣服就跑在大街上一样。如果你想培养一种自信,何不在你演说之前就好好做些准备,以增强自己的安全感呢?

为你的演讲选择一个好角度

演讲的角度是指演讲的立足点、着眼点和出发点,关系到整个演讲在确立主题、选择材料和选用表达方法等诸方面的运用,是成功演讲的有效"突破口"。

1. 从提示事物本质出发

演讲者就事物本质属性的某一面,进行剖析、升华。某一灵感,可能导致演讲者萌生主意,在这个意念之下,所选择的演讲材料就要服务于主题的表达了。而主题定向,就决定了演讲的优劣高下。因此,无论是讲人、说事,还是论理,都不能停留于表面,而是由表及里、由浅入深地挖

掘事物本质，从提示事物主旨出发选择和确立角度。

从不同角度去认识客观事物的本质，就会得出不同的结论，也就可以形成不同的演讲主题。换言之，对于同一事物，选取的角度不同，立意也就不一样了。

2．从反映事物特征出发

事物的特征往往不是唯一的，这就决定了其外在特征深入内质、横向推演的途径不一，或者说，有很多切入点。演讲者由事物的某一特征作为触发点，作为论理抒情的突破口，通过形象的渲染，延伸推想到人类社会某种经验、规律和哲学思想，就反映了主题在某一特征框定下的意义。这不仅能够启迪听众的智慧和洞悉力，还可以创设哲理美的境界、氛围。

在选择和确定角度时，还要注意，选择准确是最基本的要求。即不仅能反映出客观事物的本质、抓住事物的特征，更重要的是，所确立的角度要能够达意表旨，析理明道，使演讲具有最佳的说服力和感染力。

3．从现实需要出发

当主题、材料已定并烂熟于心时，就要在运思、炼意、结构、技巧和言语等方面好好斟酌，怎样讲效果好就怎样着眼，立体化地反映演讲内容和思想意旨，使演讲生动活泼，又全面深刻，达到完美。

4．巧妙选择

选题要巧，只有巧才能出奇制胜。

美国内战之后，约翰·艾伦与功勋卓著的老上司陶克将军竞选国会议员。在竞选演讲中，陶克为了唤起选民的信任，他说：

"诸位同胞，就在17年前的昨天晚上，我曾带兵在茶卒山与敌人激战，经过激烈的血战后，我在山上的树丛里睡了一个晚上。如果大家没有忘记那次艰苦卓绝的战斗，请在选举中，也不要忘记那些吃尽苦头、风餐露宿而屡建战功的人。"

艾伦立旨则顺水推舟，他接着陶克说道：

"同胞们，陶克将军说得不错，他确实在那次战争中立下了奇功。我当时是他手下的一个无名小卒，替他出生入死，冲锋陷阵，这还不算，当他在树丛中安睡时，我还背着武器，站在荒野上，饱尝了寒风冷露的味儿来保护他。凡身为将军，睡觉时需要哨兵守卫的，请选举陶克将军。若也是哨兵，需为酣睡的将军守卫的，请选举艾伦。"

双方都以"风餐露宿的那次战斗"是自己的功勋，取信于民。但艾伦则是沿着陶克将军的思维向前推了一点：将军虽然辛苦，总还可以在树丛中安睡，而自己则要放哨保卫他。其角度显得巧而刁，新而奇。显然，大多数选民会倾向于普通士兵出身的艾伦。

演讲表达方式的选择，要根据具体的内容而定，要选择最能反映本质、突出特征的"言语角度"。力避片面追求名篇演讲的形式，重走老路，而用符合我们自己的思维形式和情感变化来表达。

卡耐基口才金言

角度是成功演讲的"突破口"，要想讲得深，讲得新，不能不在角度的选择和变换上下一番苦功。

开始演讲的六大方式

一般来讲，在演讲开始后的几十秒钟内，听众通常会决定是否接受你

第九课 [瞬间征服人心的魅力演讲口才]

的演讲,即要不要认真听你讲下去。有趣的是,我们准备演讲从来不是从开头入手,而是先确立演讲的目的,然后围绕目的收集材料,并将材料加以组织整理,最后要做的才是着手准备开头。

因为只有这样,才能更好地选择正确而恰当的开头方式。

1. 开始就要逗引听众情绪

当你在作严肃的政治演讲时,是否觉得很难使听众产生浓厚兴趣?那么,来看看英国文学家吉卜林在开始政治演讲时,是怎样逗引听众大笑的。他所讲的并不是编造出来的故事,而是他自己过去的经历,并且用一种戏谑的口吻指出其中的矛盾。他说:"诸位,我在年轻的时候,住在印度。我常常替一家报社采访社会新闻,这工作是非常有趣的,因为它可以使我有机会去认识一些伪造货币、盗窃、杀人以及这一类富有冒险精神的有才干的人。(听众大笑)在我采访到有时他们被审判的情形后,我还要到监狱里去,拜望一下我们那些正在受罪的朋友。(听众又发出笑声)我记得,有一位因为杀人而被判无期徒刑的人,是一位绝顶聪明而又善于说话的青年人。他告诉我一段在他看来是他一生最重要的话:'我觉得一个人如果一失足跌入罪恶的渊薮里,他一定要从此为非作歹不止,最后他竟以为唯有把他人都挤到邪路里去,才可实现自己的正直。'(听众大笑)这句话,真是妙不可言了!(听众的笑声和鼓掌声同时响起)"

2. 摸准听众的好奇心

下面是一篇演说开头的一段话,请你读下去,看看你对这开头是否喜欢,是否有兴趣。

在82年前,也正是这个时候,伦敦出了一本被公认为不朽的小说杰作,很多人都称它是"环球最伟大的一本小说"。当该书出版之初,伦敦市民在街头巷尾,朋友相遇,都要彼此问一声:"你读过这本书吗?"答案一定是:"是的,我已经读过了。"这本书出版的第一天,便销出1 000

247

册，两星期内共销去15 000册；自然，以后又再版了许多次，世界各国都有了译本。在几年前，大银行家摩根以一个巨大的代价，买到了这本书的原稿。现在这本原稿和摩根的其他无价宝物，一并陈列在纽约市的美术馆中。这一部世界名著是什么呢？就是狄更斯著的《圣诞节的欢歌》。

你认为这篇演说的开始的确很成功吗？为什么它一开始就能引起你的注意，并且还使你的兴趣逐步增高呢？就是因为它勾起了你的好奇心，使你的心仿佛悬在半空中一样。

3. 融入场景，即兴发挥

美国前国务卿埃弗雷特一次在葛底斯堡国家烈士公墓揭幕式上发表演讲，远处的群山、眼前的原野、伫立的人群、肃穆的气氛，激起他心底波浪翻滚，他抛开讲稿，即兴发挥：

"站在明静的长天之下，从这片经过人们终年耕耘而现在还安静憩息的广阔田野放眼望去，那雄伟的阿勒格尼山脉隐约地耸立在我们前方，弟兄们的坟墓就在我们脚下，我真不敢用我这微不足道的声音来打破上帝和大自然所安排下的这意味无穷的寂静……"

这个开场白相当精彩，字字句句震撼了听众的心。

4. 以故事导入话题

人们大都是爱听故事的，一般人尤其爱听演说者述说有关他自己亲身经历的故事。已故美国著名牧师康惠尔，曾把他的那篇"遍地黄金"演说了6 000次之多，这篇著名演说是这样开头的：

"1970年，我们沿着土耳其底格里斯河顺流而下，走到巴格达城时，便雇了一个向导，领我们去看西坡里斯、巴比伦……"

接着他把这个故事逐步讲了出来。这是能够抓住听众注意力的最好开端，这种开端，十分简单明白，非常不易失败。它灵活轻松，能使听众不知不觉地随着它走，因为他们都希望知道后来发生了些什么事，都会平心

第九课 [瞬间征服人心的魅力演讲口才]

静气地听他讲下去。

5. 接过话头，顺势发挥

演讲过程中，难免有听众问话。如果你接过别人的话头，顺势尽情挥洒，讲得自然风趣，幽默传神，既能活跃会场，又能紧紧抓住听众。

6. 引用名人格言开场

名人说过的格言，永远具有引人注意的力量。所以，你能适当地引用一句名人说过的话，实在是演说开端的好方法。

一位演说者的讲题是："事业怎样成功！"他这样开始：

"著名的心理学家郝巴德说：全世界都愿把金钱和名誉的最优奖品，只赠给一件事，这就是创造力。创造力是什么？简单来说，就是不必人家指示，而能够作出别人没做过的事……"

这段演说词的开头，有几个特点是值得称道的。它的第一句话引用了名人名言，就引起了听众的好奇心，使听众愿意听下去，再多知道一些。演说者如果在说完"只赠给一件事"的后面，能够十分巧妙地略停顿一下，那更会使人迫不及待地问："世界把最优等的奖品赠给了谁？"它的第二句话立刻把听众引进了题目的中心。第三句是问话，可以引起听众的思索，而且使听众愿意共同讨论。第四句给创造力下了一个定义……接下去演说者举了一件有趣的事实，来证明创造力的可贵。像这样巧妙的开端，依你的评判，应不应加以称颂呢？随着生活节奏的逐步加快，时间以分秒来计算，因而，当今社会的演讲也要适应时代的这一特点。

卡耐基口才金言

在演讲切入主旨之前，不能绕太大的弯子，不能把时间过多地花在讲一些与主题无关或关系不大的话题等上面，而应尽快打开场面，切入主题。

开口就能吸引听众的眼球

万事开头难。演讲是一门语言艺术,要使你的演讲先声夺人、引人入胜,就要有个好的开头。

很多名人演讲时都很注意开篇的语言效果,其具体方法主要有以下几种。

1. 吸引听众注意

演讲开头成败的关键在于能否吸引并集中听众的注意力。演讲时获取听众注意力的方式随题材、听众和场景的不同而改变,一般可以运用事例、逸闻、经历、反诘、引言、幽默等手段达此目的。

麦克米兰石油公司副总裁迈克斯·艾萨克松在一次演讲的开头便运用了引言和反诘的方法来吸引听众:

"我们都知道,演讲是件很难的事。但是请听听丹尼尔·韦伯斯特是怎么说的吧:'如果有人要拿走我所有的财富而只剩下一样,那么我会选择口才,因为有了它我不久便可以拥有其他一切财富。'那么,为什么许多有才华的人偏偏害怕演讲呢?"

2. 提供背景知识

演讲时,大多数情况下,演讲者都是某项领域的专家或权威。因此,如果听众对演讲的主题不熟悉或是知之甚少,那么很有必要在开头部分对听众讲述与主题有关的背景知识,它们不仅是听众理解演讲所必需的,而且还可以体现出主题的重要性。

第九课 [瞬间征服人心的魅力演讲口才]

美国空军少将鲁弗斯·L·比拉普斯在夏努特空军基地的一次宴会上作演讲时,就对"黑人遗产周"的有关背景知识及其对美国空军的重要性作了介绍:

"我很高兴来到此地,同时我也很感谢应邀和在座各位讨论有关美国黑人问题。为保持和增进民族间的理解,美国各大州又开始纪念'黑人遗产周'。在夏努特空军基地,我们庆祝它则可以对美国空军进行完整无缺的教育。

我们民族的主旋律是:'黑人历史,未来的火炬'。

这个已成为美国人民生活一部分的纪念活动,是弗吉尼亚州纽坎顿市卡特·G·伍德森最先提出并计划的,他现在被誉为美国'黑人历史之父'。伍德森先生于1915年成立了'美国黑人生活和历史协会'。后来,他又于1926年发起了'黑人遗产周'纪念活动……"

3. 解释关键术语

如果演讲的成功与否取决于听众能否理解演讲中的某些术语或概念,那么在演讲开头时对关键术语加以解释就显得格外重要了。

一位公司副总裁在就记者招待会的用途发表演讲时,就很好地运用了这一技巧:

"公共关系,简单地说,就是指'与公众的关系',即任何涉及公司或个人的关系。它的主要目的就是有效地利用媒体——最常见的是书面形式——为公司谋取最佳印象或形象。"

4. 说明演讲目的

在大多数情况下,演讲的开头应揭示出演讲的目的。如果做不到这一点,听众要么会对演讲失去兴趣,要么会误解演讲的目的,或者甚至于会怀疑演讲者的动机。

美国快递公司主席詹姆斯·鲁宾逊三世在短短的15秒钟内便把他的演

讲目的陈述给听众：

"女士们，先生们，早上好。谢谢大家给予我这个露面机会。美国广告联盟是美国传播工业的一个重要组成部分。当前，美国传播工业还面临许多问题，而重担则落在大家的肩上。我今天演讲的目的便是就这些问题及它们呈现出的挑战谈谈我的看法。"

5. 阐述演讲结构

演讲时，应当利用开头部分对演讲内容加以概述，让听众了解演讲的中心思想和结构。

特别是当演讲的主题很复杂，或是专业性较强，或是需要论证几个观点时，这样做就更能使演讲显得清楚而易于理解。

汉诺威信托制造公司的主席及总裁约翰·F·麦克基里卡迪在一次演讲的开头中就很明了地陈述了他演讲的结构及范围：

"女士们，先生们，晚上好。我很荣幸应科里曼主任的邀请来参加这个在我国很有权威的商业论坛——在见解上它可以与底特律和纽约的经济俱乐部相提并论。

"首先，我将对最近的国内经济形势加以展望。我认为它并非人们有时所想象的那样严峻。

"其次，我将谈谈近期欧佩克的经济增长对国际的经济增长的影响——对包括我们自己在内的许多国家来说是件痛苦的事，但又是完全有办法应付的。

"再次，我将对总统的能源建议作几点评论，我认为它既令人鼓舞，又令人失望。

"最后，我将就演讲逐渐成为一种时尚和必要的现象以及美国的现状谈一点个人看法……"

6. 争取听众信任

有时候，听众可能会对演讲者的动机产生疑问，或是与演讲者持相反

第九课 [瞬间征服人心的魅力演讲口才]

的观点。在诸如此类的场合——特别是想改变听众的观点或行为时——要使演讲成功就需要建立或是提高听众对演讲者的信任感。杰弗里和彼得森两位专家针对这个问题提出了下面几条建议：

（1）承认分歧的存在，但是着重强调共同的观点和目标。

（2）对那些连演讲还没有听就对演讲者的名声和所作所为进行攻击的行为加以驳斥。

（3）否认演讲的动机是自私和个人的。

（4）唤起听众的公道意识，让他们仔细地去听演讲。

卡耐基口才金言

> 好的开始是成功的一半，演讲更是这样。无论何种演讲，开头总是关键。一个精彩有力的开头，会吸引听众持久的关注。

简洁有力的演讲最震撼人心

自信心强、办事果敢的人一般都说话干脆，不拖泥带水；思维和认识能力突出的人说话简洁精致，不作长篇大论。在现代社会，人们时间观念强，说话简洁会给人一种生机勃勃的感觉。说出的话自然就有力度，而演讲因其特殊的存在形式，更是如此。

1863年7月1日，美国南北战争中的一场决定性战役，在华盛顿附近的葛底斯堡打响了。经过3天的鏖战，北方部队大获全胜。战后，宾夕法尼亚等

253

几个州决定合资在葛底斯堡建立国家烈士公墓,公葬在此牺牲的全体将士。

1863年11月19日公墓举行落成典礼,美国总统林肯应邀到会演讲。这对林肯来说,有很大难度,因为这次仪式的主讲人是美国前国务卿埃弗雷特,林肯只是由于总统的身份,才被邀请在埃弗雷特之后"随便讲几句适当的话"。埃弗雷特当时不仅是个著名的政治家,而且当时被公认为美国最有演说能力的人,尤其擅长在纪念仪式上演讲。在这个典礼上,他那长达两个小时的演讲,确实精彩。在这种情况下,怎样讲才能和听众建立良好的交往关系,并最终赢得他们呢?林肯决定以简洁取胜。结果林肯大获成功。尽管他的演讲仅有10句话,从上台到下台不过两分钟,可掌声却持续了10分钟。林肯的演讲不仅赢得了在场1万多名听众的热烈欢迎,而且轰动了全国。当时的报纸评论说:"这篇短小精悍的演说是无价之宝,感情深厚,思想集中,措辞精练,字字句句都很朴实、优雅,行文毫无瑕疵,完全出乎人们的意料。"就是埃弗雷特本人第二天也写信给林肯道:"我用了两个小时总算接触到了你所阐明的那个中心思想,而你只用了两分钟就说得明明白白。"后来,林肯这次出色的演讲手稿被收藏到图书馆,演讲词被铸成金文,存入牛津大学,作为英语演讲的最高典范。

这一例子显示林肯驾驭语言的功力是非凡的。同时,这也说明了简洁精练在言语交际中的举足轻重。

第一次世界大战期间,一位著名的英国主教在厄普顿营中对军人们进行演说。他们将被派往前方作战,当然他们只有少数人了解自己为什么被派往前方。可是这位大主教却全然不顾这些背景,反倒对他们大谈"国际亲善",以及"塞尔维亚民族在太阳底下应有权占一席之地。"令人感到好笑的是,他们之中竟有半数的人连塞尔维亚是什么都不知道。面对这样一群听众,他倒不如用精深的"星云学说"给他们来一段响亮的颂辞。这样效果完全一样。好在整个讲演过程中没有一个骑兵开溜,这倒不是因为

第九课 [瞬间征服人心的魅力演讲口才]

他们听得入了迷,而是因为每个出口都有宪兵把守,以防止他们溜掉。

我无意贬抑这位主教,他是一名不折不扣的学者。如果是在一群宗教人士面前,他发表这样的演说很可能会显得声势夺人,功力尽现;但他眼下面对的是即将上前线的军人,遭遇失败,而且是全军覆没,是可想而知了!他为何如此?显然他不了解他的听众,也不知道自己讲演的真实目的,这也就使他不知如何达成自己的目的了。

我们在当众演讲时,通常面对的是广大听众,人员构成复杂,知识水平参差不齐,因此就要求我们在演讲时更要考虑这一点,顾及听众中大多数人的最低文化水平,尽量用简朴的语言说明一个复杂的道理。

一个演讲者要想让自己的演讲打动人,靠的往往并不全是他的口才,演讲固然需要高超的口才技巧,但是演讲的内容要明确而具体,精练生动,要吸引人,同时演讲者本人要情真意切,如此才能产生打动人心的力量。

卡耐基口才金言

演讲要想得到较佳的效果,语言必须简洁、精练,要能使听者在较短的时间里获取较多而有用的信息;反之,空话连篇,言之无物,必然误人时光。

把你的思想融入演讲中

准备演讲,是否就是将一些漂亮的词句写下来,并把这些词句拼凑在一起，然后脱口而出呢？不，远远不是！是不是把一些偶然出现，但对你个人没有真正意义的念头集合在一起？绝对不是！

所谓"准备"，就是把你的思想、你的念头、你的原动力集合在一起，而且你必须真的拥有这种思想和原动力。只要你脑子清醒，你每天都不会缺少它们。它们甚至会成群结队地出现在你的梦想中。在你的整个生命中，时时都充满了不同的感觉与经验。这些东西深深地藏在你的脑海深处，日积月累。

"准备"就是思考回忆和选择最能吸引你注意的事物，然后加以修饰，将它们整理出一个形态，成为你自己思想的精工制造品。这听起来好像一个很难实施的计划，其实并不困难。对于某一特定目标，只要你专心致志、善加思考，并付诸行动即可。

下面有几种办法可以帮助你组织自己演讲的材料，如果你遵循这些步骤去准备演讲，你便会获得听众的热切关注。

1. 演讲内容要具体

一位温文儒雅的哲学博士和一个性格豪爽的推销员，同时参加了一次会议。但奇怪的是，在这次会议的发言过程中，那位小摊贩的演讲却远比哲学博士更吸引人。为什么呢？原因是这位博士的演讲虽然语言华丽精练，台风温文儒雅，讲话也有条有理，但他的讲话过于空泛，不明确。然而，那位推销员却正好相反。他一开口，就立即触及了话题的核心。演讲内容明确，而且很具体、实在，让人一听便知其意，再加上他的热情洋溢，以及朴实的词句，使他的演讲十分吸引人。

这里并不是想比较一位博士与推销员之间的高低贵贱，而是想说明一点：一个人的讲话只有具体而明确，才能引起别人的兴趣。

要想演讲获得成功，你就必须有具体的内容。例如，说"马丁·路德小时候'既倔强又顽皮'"，就不如说"马丁·路德承认，他的老师经常

第九课 [瞬间征服人心的魅力演讲口才]

打他手心,而且有时候'在一个上午要打上15次之多'"更有趣、更能吸引观众注意。

古老的传记写作方法,常常要提及许多意思不明确的概括性的词句。亚里士多德称之为"懦弱思想的避难所"。这真是一针见血,准确之至。新的写作方法则举出明确的事实,语意自然清晰。老式的传记作者说,约翰·杜伊有"穷苦但诚实的父母"。新的传记写法则是,"约翰·杜伊的父亲买不起鞋套,因此,下雪时他必须用麻布袋把鞋子包起来,保持两脚的干燥与暖和。但是,尽管他如此贫穷,却从未在牛奶中加水,也不曾把生病的马当作健康的马来出售。"很明显,后一种说法绝对让人一听就知道他的父母"穷苦但诚实",不是吗?这不比说"穷苦但诚实"更加生动有趣吗?

这种方法既对现代传记作家有帮助,同样对于现代演讲家和我们每个开口讲话的人也十分有效。

2. 主题不要分散

题目一旦选好,就要定出自己演讲的范围,并一直将主题限定在这一范围内,不要试图去涵盖所有领域。

有个年轻的演讲者要讲两分钟,而他所谈论的题目却是"从五千年文明至现代社会"。这绝对是一种徒劳无功的行为!他才讲完人类的诞生,就没有时间了。他想在一场谈话中包含太多的东西,结果却什么也没让人明白。

许多演讲都因范围不明确,涵盖了太多的论点,以致无法吸引听众的注意。为什么会出现这种结局呢?因为人的思想不可能一直去注意一连串单调无味的事实。假使你的演讲听起来像是材料说明书,你也无法把握听众的注意力。

这个原则对于任何话题都同样适用,不管你所讲的是销售术、烤蛋糕，还是其他事物。在你开始演讲之前，你都必须先对所选的素材进行限制和选择，把话题缩小至某一范围，并保证在规定时间内完成。

据说，植物界的怪杰路德·伯班克培植了100万种植物，但他也只是从中培植出了一两种最高级的品种。演讲也应如此，围绕自己选定的主题汇集100种思想，然后舍去其中的90种。

浮光掠影的演讲，要比挖掘事实容易多了。如果你想选择一种容易的办法，那听众也只能获得一些少而浅的印象，甚至毫无印象。事实上，在短短的不超过5分钟的演讲里，也只能期望说明一两点而已。稍长一些的演讲，如30分钟的演讲，演讲者如果想包含四五个主要话题，也是很少能够成功的。

卡耐基口才金言

你要把要传达给听众的思想加以精练和修琢，将它千锤百炼，演讲时定然成竹在胸。

把听众握在你的手中

演讲时，你需要制造一些"诱饵"来吸引听众的注意力。当然，制造"诱饵"会有一点困难，但是，说一些出人意料但又和你的题目相关的话语还是可行的。平常多留意一下报纸的头版故事的题目或者一则新闻广告的标题，你就知道该怎么说了。

第九课 [瞬间征服人心的魅力演讲口才]

如果你参加一个讨论会，在会议中，你想插些话语以引起其他人的注意。这时你可以分析其他人所讲的话，然后提炼出自己演讲的思路，在你的讲话中增加一个有趣的故事或者更精辟的观点，但你要讲的这部分内容必须是对别人所讨论问题的整体情况的一个意外转折。当其他人都把注意力转向你时，就不要急于说下去，而应暂停一下，把发言的主动权掌握在你自己的手上。

但是，你一旦抓住了听众的注意力，就一定不要改变你原来所讲的话题。在此基础上，拓展你所讲的内容，并且不断丰富、补充，始终保持他们的兴趣。这样，你才会是会场上真正的焦点。

1. 说服你的听众

说服是一个让别人改变自身行为的过程。然而，它必须在别人的思考中引起一些变化，也就是说要让其他人产生被说服的需要。

记住说服听众的一系列过程：注意力—兴趣—渴望—行动。在说服听众接受你的观点的时候，你要按照顺序一步一步地做，让他们由最初的对你的演讲产生兴趣逐步走到最后按照你的建议采取某种行动。

一个有说服力的演讲设计是益处和如何实现益处的混合物。为了让你所提的建议为听众所接受，你必须让你提到的对听众有利的益处大于他们在接受建议后作出改变的代价或痛苦。另外，要想让你的听众留下来继续听你的演讲，对他们来说，就必须有一个清楚的好处逐步增加的过程。这时，你就可以把你的演讲带给他们的好处逐步展示给他们。

证据在说服人时是最有效的。不管你所讲的内容是什么，一定要用证据来证明它，用证据来支持你所讲的观点。这才是听众所需要的"定心丸"。

2. 表达你的信息

信息是你希望人们理解、带走和记住的最重要的东西，也是你演讲的首要目的。如果你是在发表一个"一分钟演讲"，那么它可能就是你全部的演讲内容。

总之，一次精彩演讲的关键要素主要包括以下内容：

（1）共性。在你和听众之间建立一个共同的沟通背景或者制造出某些你和他们之间的共性。这是你和听众沟通的基础，也是他们听你演讲的一个前提。

（2）诱饵。你要用诱饵来吸引听众的注意力。

（3）主题。你必须要有明确的主题，而且你的主题要让听众感到非常有趣，激起他们要听你演讲的兴趣。

（4）需要或者问题。你要知道听众的需要和他们想解决的问题，并让他们知道你可以满足他们的需要或者可以解决他们的问题。

（5）有利之处或不利之处。你要在演讲中说明对听众有利的主要益处，然后再提及一个可能会出现的困难即不利之处。

（6）提出解决方案或提出建议。在演讲中，你要提出问题的解决方案或者提出某些建议，以使你的听众能按照你的方案或者建议采取某种行动。

（7）结果。最后你要把话语集中在一个结果上，这个结果就是你想要得到的结果。

所以，在你开始演讲前，你要对自己表达的观点非常清楚。不要就你的主题展开一个无所不包的叙述，而是应问问自己："我能告诉他们什么内容呢，而这些内容他们又不会从别人那里听到？"或者"我真正想告诉他们的是什么呢？"

开始演讲时，你就要让听众明白你是传达信息者的角色。一些建立沟通共同背景的例句，如："在这儿，我们都是沟通者……"这些例句你都可以运用在你的演讲中。在让听众明白你是信息传达者的角色后，你就要迅速地把话题引向你的诱饵。

第九课 [瞬间征服人心的魅力演讲口才]

3. 提出你的目标

在做完上面的步骤后,接着说明你的主题。例如:"我很乐意告诉你们,成为一个成功人士你们需要些什么。"

再说明对听众有利的主要益处。例如:"如果能得到正确的指导,你就可以完美地做好你想做的事。"

在演讲中提及一个可能会出现的困难,例如,"这并不像你想象的那样容易,如果你错误地理解了它,那么你就很可能要花费大量的时间重新回到正确的道路上来。"

然后提出建议。例如:"你至少需要拿出一个月的时间来学习成为一个职业演说家的秘诀。"

最后,把话语集中在一个结果上。例如:"如果你真想成为一个成功人士,那就立即去参加一个学习班。"

卡耐基口才金言

成功的沟通,有赖于演讲者使他所引证的素材成为听众的一部分,并使听众亦成为其演讲的一部分。

与你的听众合二为一

准备演讲时,脑海中必须想着特定的听众。下面一些简单的法则,可帮助你建立一种与听众和谐与密切的关系。

1. 了解听众的兴趣

许多人无法与别人进行良好的交流,主要是由于他们只会谈些他们自己感兴趣的事情,而这些事情却令别人感到无聊。所以,你应当引导对方谈论与他的兴趣、事业、业绩、成就等相关的话题。比如,如果对方是位母亲的话,就与她谈谈她的孩子。如果你这样做了,并且专注地倾听对方说话,你将会给予对方很多乐趣。最后,你将被认为是一位有效的谈话高手,即使你话说得很少。

同样,当你面对听众演讲时,应先设想一个他们急切要听你说些什么。演讲者若不能考虑到听众,而只是保持着一种以自我为中心的必然倾向,那么他便会发现自己面对的是一些局促不安、不时瞥看手表、观望出口、烦躁不安的听众。

因此,你不妨问问自己:"你所讲的主题对听众究竟有什么好处?能否帮助他们解决问题,达成他们的目标?"然后再开始讲给他们听,这样必然会使他们全神贯注地听。如果你是个会计师,你的开场白可以这样说:"我现在要教你们如何省下50~100元的税款。"如果你是律师,你可以告诉听众如何预立遗嘱,这样就能让听众兴致勃勃。无论如何,在你的专业知识里,一定可以找到听众感兴趣的话题。

2. 给予真诚的赞赏

听众是由很多个体构成的,因此他们的反应就和一个人一样。公然批评听众,必会导致听众的不满。对听众做过的值得称赞的事表示赞美,你就会获得通往听众心灵的护照。当然,这需要你自己去认真研究。然而,一些夸张、肉麻的词句,像"各位是我曾面对的最有智慧的听众",会让大多数听众认为这是空洞的谄媚,因而让人感到厌恶。

在演讲时,说到这类话题的时候,态度要100%的真诚。没有诚意的话语,你也许偶尔会骗过他人,但不能长期欺骗听众。什么"充满高度智慧的

第九课 [瞬间征服人心的魅力演讲口才]

听众……""这些来自……的美女和绅士","我真高兴来这儿,因为我爱你们每一位。"如果你说不出真心的话语,那就不要勉强自己了。

3. 融入听众

在你开始演讲之后,应尽快想办法与听众建立起一种关系。如果你觉得很荣幸能应邀发表演讲,那就照实说吧。

一种非常有效的与听众交流的方法,是叫出听众中有些人的名字。

在某个餐会里,当天的主讲人在进餐时,频频打听某些人的名字,这使很多人都觉得十分奇怪。整个进餐过程中,他不停地询问宴会主人,某一桌上穿蓝色西装的人是谁,那位帽上缀满花朵的女士芳名是什么。等他起身说话时,人们便立刻明白他这样做的原因了。演讲时,他非常巧妙地把刚刚得知的名字编入自己的演讲里,那些在演讲中被提到名字的人的脸上都显露出无比的快乐,这个简单的技巧已为演讲者赢得了听众温暖的友情。

使用这种方式时,值得注意的一点是,假如你准备提到一个陌生人的名字,尤其是刚打听来的名字,要确信没有弄错,并以一种适当、得体的方式提出来。

另外,还有一个办法可以使听众的注意力保持在巅峰状态,那就是采用代名词"你"而不要用"他们"。这种方式可以使听众保持在一种自我感知的状态中。演讲者如想把握听众的注意和兴趣,是不能忽视这一因素的。

4. 让听众参与

你是否想过,用点小小的表演技巧,便可使听众亦步亦趋地注意着你的每个词。当你挑选听众来协助你表明某个论点,或将某个意念戏剧化地表现出来时,听众对你的注意便会明显地得到提升。如果说讲台上的人和讲台下的人之间隔有一堵墙,那么利用听众的参与便可打通这堵墙。

有个演讲者为说明"汽车在使用刹车以后还须走多远才能够停住"这

个问题时,他邀请坐在第一排的一位听众站起来帮他展示汽车在不同速度之下,这个距离会做怎样的改变。这个听众握着一条钢卷尺的一端,顺着走道把它拉出50米。此时,全场听众都全神贯注于演讲之中。那条卷尺除了生动地展现出演讲者的论点之外,还成了听者与演讲者之间的一条沟通线路。演讲者若不是运用这么一招表演术,听众关心的恐怕还是晚饭吃什么,或者晚上的电视节目是什么!

卡耐基口才金言

演讲跟谈话一样,是两方的"言语"交流,它需要双方的共同参与。如果一个演讲者只是自己在讲台上滔滔不绝而不把听众放在心里,那这次演讲还有什么意义呢?

升华主题,掀起演讲高潮

演讲的主题是体现演讲的思想价值和审美品位的重要依据,从而使演讲具有深刻感人的艺术魅力。但是,演讲的主题又不能流于空洞的说教和现象的罗列,以及人云亦云的老生常谈。

正确的做法是在运用典型充分的材料表达演讲主题时,及时对材料的本质内涵加以分析、概括、提炼、延伸,并通过富于理性色彩的语言点拨、渲染,激起听众的心理共鸣,将听众的思维引向一个更深邃、更崇高的境界,使演讲的主题得以升华。如何才能升华演讲的主题呢?

第九课 [瞬间征服人心的魅力演讲口才]

1. **由点及面的扩展**

演讲中的事实材料是灵活多样的，如一次亲身经历、一个小故事、一段人物描写，甚至人物的片言只语等等，这些虽是个别的却是很典型的材料，往往就能成为升华演讲主题的"点"。由对"这一个"事实的叙述推及包含"这一类"的全部或部分事实内涵的概括，就是由点及面地扩展演讲主题的技巧。

2. **由表及里的深化**

有些蕴涵着深层意义的事实材料，不经点破，听众也许理解不透演讲者所要表达的主旨，而一旦经过演讲者的揭示与深化提炼，就如同在沙砾中发掘出闪亮的金子，在贝壳里发现晶莹的珍珠，催人感悟，发人深省。这种由外表行动或客观存在事实的叙述，升华为内在思想或深层含义的表达方法，就是由表及里深化升华主题的技巧。

3. **由此及彼的引申**

在演讲中，有时也可以以某一典型事件或自然现象为触发点和媒介来加以引申，联系到另一类相关事物和事理，以此来升华演讲的主题。这种由此及彼引申的升华主题的技巧，通过形象化的渲染，不仅可以启迪听众的智慧和洞察力，还可以创设充满哲理美的境界和氛围。

4. **由陈及新的点化**

在演讲中，套用仿拟一些过去的材料，并且进行由陈及新的点化，挖掘出具有现实意义的深刻内涵，也是一种较好的升华主题的技巧。

5. **由境及情的交融**

在演讲中，对现实生活中发生的典型事件进行渲染，创设出一种紧扣题旨的境况，并由此触景生情，情景交融，达到升华演讲主题的效果。

6. **由抑及扬的反衬**

演讲中的高潮常常是升华主题的关键之处，而恰当地运用由抑及扬的反衬技巧，能使集中于高潮的情与理的表现更有效果，从而使演讲的主题得到升华。

演讲者逆水推舟，以退为进，先设立一个与结论相反的前提，极力地"抑"，再用否定性结论，为结论的"扬"蓄势，最后才水到渠成地"扬"起来，这样由抑及扬的反衬，把演讲推向了高潮，使主题得到了升华。

卡耐基口才金言

> 如何升华主题是演讲口才艺术的一种重要技巧。用好这种技巧，不仅可以使演讲掀起一次次波澜跌宕的高潮，而且使演讲者与听众之间形成时起时伏的和谐呼应、感情共振，增强演讲的感召力、鼓动性和艺术魅力。

让你的演说更加自然生动

没有虚夸、真实自然的演讲才能最容易让听众接受，打动听众的心。要自然，就是使你的演讲更为清楚，也更为生动。

事实上，这些东西也没什么神秘的，当你与人交谈时，你实际上已经使用过这些原则中的绝大部分，而且你也许还一点也没有感觉到你曾使用过它们，就如同你将晚餐进食的食物消化掉那般自然。嗨，这正是你使用这些原则所要采用的方法，并且也是唯一的方法。在演说方面，要想达到这种境界，事实上也别无他法，唯有练习别无他途。

第九课 [瞬间征服人心的魅力演讲口才]

1. 对重要的要点不断重复，将不重要的部分跳过去

在日常谈话中，我们应将一些重要的字加强语气，对其他的字则匆匆跳过去。对整个句子的处理也是这个办法，这样就能将一些重要的字词句凸显出来。

请让我举个例子，朗读拿破仑将军所说的下面这段话，引起来的词读重一点，其他的词则迅速念过去。你感觉一下效果如何？

我只要是决定去从事的工作都能"成功"，因为我已"下定决心"。我从不"犹豫不决"，因此我能超越世界上其他的人。

当然，这并不是朗读这段话的唯一方法，换一位演说者也许会念得跟你不一样。如何强调语气，并没有一定的成规，需视情况而定。

以热情的态度大声念念下面这首小诗，试着使诗中的含义明确表达出来，并且要具有说服力。看看你自己是否会对那些重要的词句加以强调，同时将一些不重要的词句快速念过去？

如果你认为你已被打败，不错。

如果你认为你未被打败，你就不会失败。

如果你希望胜利，却又认为胜不了，

可以肯定，你一定不会取得胜利。

在生活中并不一定是强壮或速度快的人获胜，

最后获胜的一定是那些自认为自己一定能获得胜利的人。

2. 改变你的声调

当我们在与人交谈时，声音往往从高到低，并且这种高高低低的状态会不断重复下去，就像大海的表面一般起伏不定。这是为什么呢？恐怕没有人知道，而且也没有人对此表示关心。但这种方式令人感觉愉快，而且也是一种很自然的方式。我们永远不必去学习，就会这样表达。我们从孩提时代起就已经会这样起伏着说话了，我们用不着去追求，就这样不知

不觉地学会了。但是，一旦要我们站起来面对观众，我们的声音却一刹那会变得枯燥、平淡而且单调乏味，就如同内华达州的沙漠一般。你若发现自己正以一种单调的声音——通常是又高又尖的声音——发言时，不妨停下来歇一会儿，对自己说道："我现在说话的样子就像木头雕成的印第安人。对台下的这些人说话要有人情味，要自然一点。"

已经到了如此窘迫的情景还对自己说这些话是否有任何帮助呢？可能有一点。至少稍微停顿一下，会对你有所帮助。但你平时必须多加练习，以研究出自己的解决之道。

你可以将你挑选出的任何句子或单词突出出来，就让它们像你门前院子里的那棵青绿的月桂树那般突出。你只要在说到这些突出的句子时突然提高或降低声调，就可以达到这个目标。纽约布鲁克林著名的公理教会牧师卡德曼博士就经常这样做，奥利佛·罗吉爵士、布里安及罗斯福等人也经常这样做。几乎每一位著名的演说家都会这么做——这是演说中一条千古不变的法则。

3. 变化说话的速度

小孩子说话的时候，或是我们平常与人交谈时，总是不停地变换我们说话的速度。这种方式令人听了很愉快，很自然，不会令人有奇怪的感觉，而且具有强调的作用。事实上，这正是把某项要点很突出地强调出来的最好方法。

沃特·史蒂文斯在他的《记者眼中的林肯》一书中告诉我们，以上所说的这种方法也就是林肯在强调某一要点时最喜欢用的方法之一：

他会以很快的速度说出几个字，当来到他希望强调的那个单词或句子时，他会让他的声音拖长，并一字一句说得很重，然后就像闪电一般，迅速把句子说完……对于他所要强调的单词或句子，他会把时间尽量拖长，说这一句话的时间几乎和他在说其余五六句不重要句子的时间一样长。

用这种方法演讲必然会引起听者的注意。再举个例子说明一下，我

第九课 [瞬间征服人心的魅力演讲口才]

经常在演讲时引述下面一段吉本斯主教的谈话。我希望在引述时能强调语气,所以我在谈到那些重要的字时,总是尽量把声音拖长,还特别把它们提出来加以强调,就如同我本人也被它们深为感动一般——而且我确实也深受感动。请你不妨大声念一遍,试一试这种方法,看看效果如何。

再试试下面一个实验:很快说出3 000万美元,口气要显得平淡,这样让人听起来就像这是一笔数目很小的钱。接着,再说一遍3万美元,速度要慢,而且要充满沉重的感觉,仿佛你对这笔金额庞大的钱感到印象极为深刻一般。这样听起来,是不是觉得3万美元反而比3 000万美元更多呢?

卡耐基口才金言

> 一个人日常生活中的无拘束谈话,可能本身也需要进行很多的改善。因此,先使你的日常谈话达到完美自然的境界,然后把这个方法带到讲台上。

自始至终保持完美的演讲形象

演讲者的形象是演讲者思想道德、情操学识及个性的外在体现,是演讲者的仪表、举止、礼貌、表情、谈吐的综合反映。演讲者一旦上场,就会把自己的形象诉诸听众的视觉,直接影响听众的评价和审美。

因此,聪明的演讲者从上台到下台,应该特别注意自己的一举一动,给人以完美的印象。

1. 走进会场

在一般的演讲场合，走进会场时要面带微笑，不论听众是否在注意你；如果是重要的演讲者或被请的，往往由大会主持者陪同，则更要雍容大度、谦和诚挚，用眼神和微笑与听众交流，步履稳健地向安排的座位走去。

2. 就座前后

演讲时如需提前上台就座，演讲者将和大会主席或陪同人员一起走到座位前，演讲者应先以尊敬的态度主动请对方入座，对方也会礼貌地恳请演讲者坐，这时方可坐下。坐下后不要前探后望，也不要和台上台下的熟人打招呼。

3. 介绍之后

主持人或大会主席介绍之后，演讲者应自然起立，并向主席点头致意，并要由衷地从面部、眼神表示出谦虚之意和感激之情。

4. 登上讲台

演讲者向主席点头致谢后，稳健地走到台前，自然地面对听众站好。此时应端庄大方，举止从容，精神饱满，也可面露微笑，尤其是女性演讲者。

5. 演讲开始

演讲开始前，先以友好、诚恳、恭敬的态度向听众敬个礼，以表示对听众的致意。然后不要急于开口，暂停几秒钟，以亲切、尊敬的眼光遍视一下听众，表示光顾和招呼的意思，这能起到组织听众、安定听众情绪的作用。同时深吸一口气，平静一下自己的心情，以免心率过速。

6. 站姿

若会场未设演讲台，演讲者一般以站在前台中间为合适，这可以统观全场，最大限度地注意到周围听众的情绪，使处在不同的位置的听众都能从各自的角度看到演讲者的表演。另外，站位也要考虑光线，要让光线照在脸上，使听众们看到演讲者的真实表情，但必须合适，不能刺激演讲者，使他看不到听众。

第九课 [瞬间征服人心的魅力演讲口才]

至于站法,没有固定模式,但要保证演讲者的表演。较好的有两种。

一种是前进式站法。即一脚在前,一脚在后,两足成45°角,身躯微向前倾,给人一种振奋、向上的感觉。

另一种是自然式站法。即两足平行,相距与肩等宽,给人一种注意集中、精神抖擞的印象。

7. 走下讲台

演讲完毕,应说句"谢谢大家,再见",接着向听众敬礼致意,向大会主席致意,然后走回原座。坐下后,如果大会主席和听众以掌声向演讲者表示感谢,则应立即起立,面向听众致礼,以表示回谢。

8. 走出会场

大会主席陪同演讲者往外走的时候,听众常常出于礼节鼓掌欢送。这时演讲者更应谦虚,用鼓掌或招手表示答谢,直到走出会场。

卡耐基口才金言

不良形象会使演讲大打折扣。试想一个衣着邋遢、形象不好的人,如何让听众对他的演讲产生好感呢?演讲者要给听众留下良好的第一印象,才能与听众产生极大的共鸣,使演讲收到良好的效果。

演讲的态势语要优美

演讲除了靠好的语言功底,还要辅以美的演讲态势语。态势语包括仪表、姿态、神情、动作等方面，是演讲者立与坐、眼神、手势、身体动作、步伐移动等的综合反应能力。正所谓演讲，讲是有声语言，给人以听觉形象；演则是无声语言，给人以视觉形象。

光"讲"不"演"，或光"演"不"讲"，都不能构成演讲之美，只有动静相兼，将两者有机地融合起来，才能构成完整的演讲。

演讲者的风度、仪表、神态，应给观众留下最佳的第一印象。如你见到一个人衣着整齐、合体入时、表情自然，则会认为此人做事细心、有条有理，进而会想，这个人一定有责任心，你就必然会在心里产生最初的中意的感觉，并且还会联想到其人会有这样、那样的能力。倘若一个人给你的最初形象是衣冠不整，嘴巴里骂骂咧咧，你定然会对其作出缺乏道德观念的结论，甚至还会联想到此人的其他缺点。

一次，心理学家雪莱在莫萨立斯特大学挑选了68个自愿参加实验者，这些应试者的外貌、口才及对事物的理解判断能力都挑不出毛病的，但仪表、风度却大不相同。68人分别征求4位素不相识的过路人的意见，以期得到他们的支持。结果表明，风度翩翩者较之仪态平平的对手，自然是稳操胜券。

登台讲演时，仪容更不能不修边幅，穿着随便，而要整洁、大方，有风度，但也不能过分打扮。服装应该同身份相称，不宜过于奇特，那种自恃高雅，油头粉面，衣冠楚楚的装束，纵然口若悬河，也绝不会使人产生钦敬之感。

演讲者的外部表象即仪表、衣着、态势是被听众直接感受的，它对演讲的效果乃至成败会有直接影响。听众往往会将演讲者的仪表、衣着等与自己的仪表、衣着相比较，以自己的仪表、衣着、态势作为评判演说者的标准。所以演讲者就要尽可能将自己的仪表、衣着与听众接近或一致起来。如果是在高雅的宴会上，听众衣冠华贵、讲者衣衫不整、举止粗俗，

第九课 [瞬间征服人心的魅力演讲口才]

就难登大雅之堂了。而在沸腾的建筑场地,西装革履的登台,就必定在心理上产生与听众的距离。

口才训练专家桑迪·林弗说:"凡演讲百分之九十九都无需拿讲稿。一个人拿起讲稿来读'话'时,人们对他相信的程度也随之降低了。听众越是感到你在与他们交谈,你演讲的效果也就越好。"由此可见,演讲时拿不拿演讲稿,也是一个人演讲形象好坏的关键。

心理学家认为:人的注意具有指向性的特点。当大脑皮质的某一个兴奋中心的刺激得到加深时,注意的指向性就越来越强。就是说,对某事物,人的注意越集中,对别的事物的注意必然就会减少。所以,演讲者要在临场前"装点"自己的仪表和风度,就必须脱离演讲稿免受其影响。另外,上场时,要保持安然自若的神态,坚定有神的目光。这样使听众在"第一印象"中,就加深了视觉形象的刺激,从而让人们注意的指向性得到强化。

演讲者的神态要自然大度,神态即指面容表情和举止姿态。面容表情中又应注意以眼传神和以笑达意。眼神可以表示种种复杂的感情,笑意能传达各种心理信息。用得巧,无疑会使讲话增色添彩。要使讲话得心应手,遣使自如,甩开讲稿当是上上之策。简单地讲,精心准备讲稿是必要的,但是上台照本宣科就太令人乏味了。所以应该将演讲稿烂熟于心,演讲时既以它为依据,又不受其束缚,便能收到良好的演讲效果。

卡耐基口才金言

演讲不只是一张嘴的表演,还需要表情、眼神、手势等的帮助,声、色、姿、情面面俱到,相得益彰,方能称为上乘的演说。